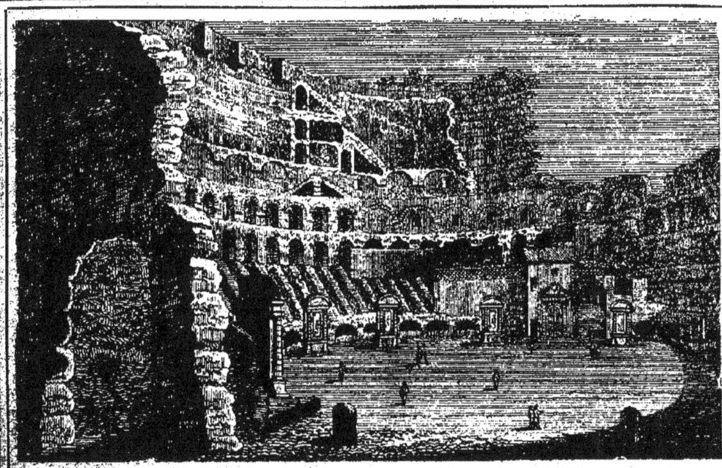

# L'ART MONUMENTAL

## DES ROMAINS.

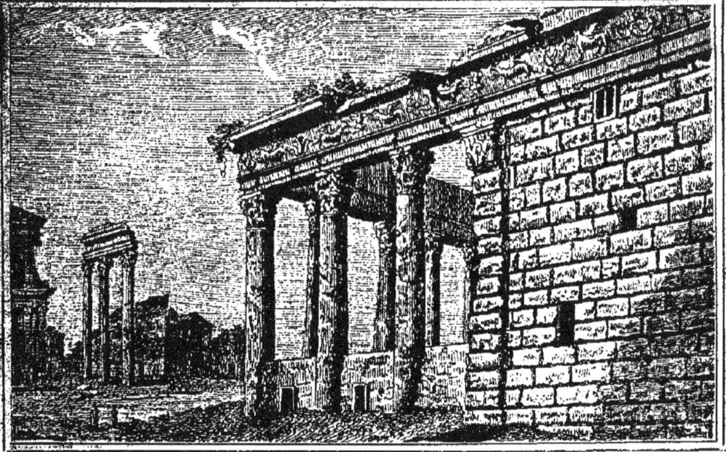

Société de St-Augustin, Desclée, De Brouwer et Cᶦᵉ.

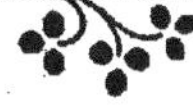

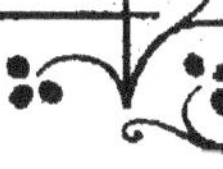

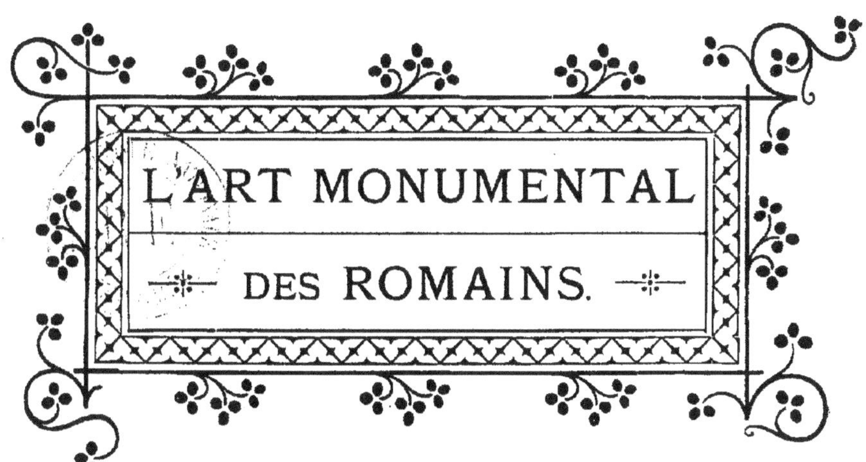
L'ART MONUMENTAL
DES ROMAINS.

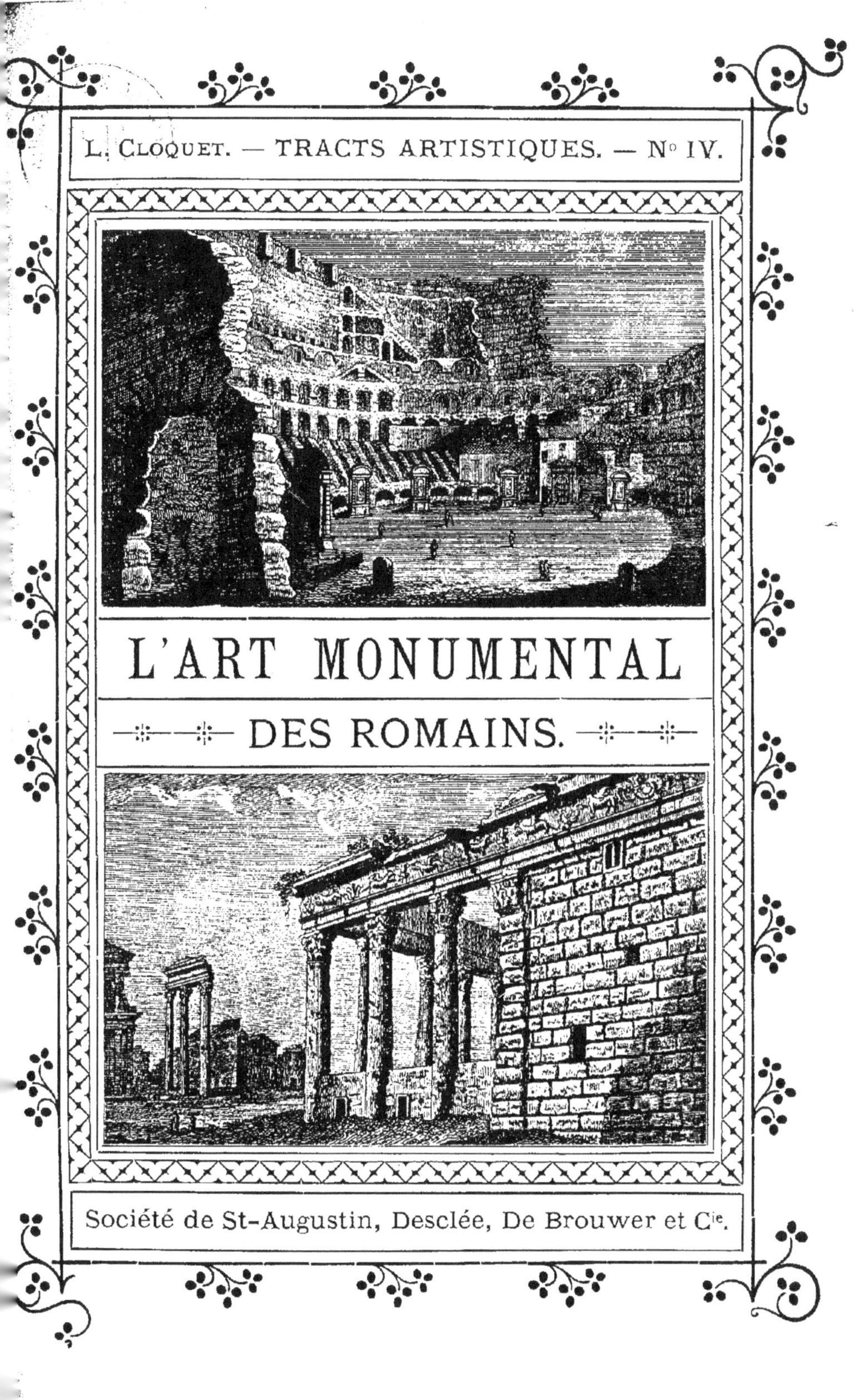

# L'ART MONUMENTAL

## DES ROMAINS.

Société de St-Augustin, Desclée, De Brouwer et Cie.

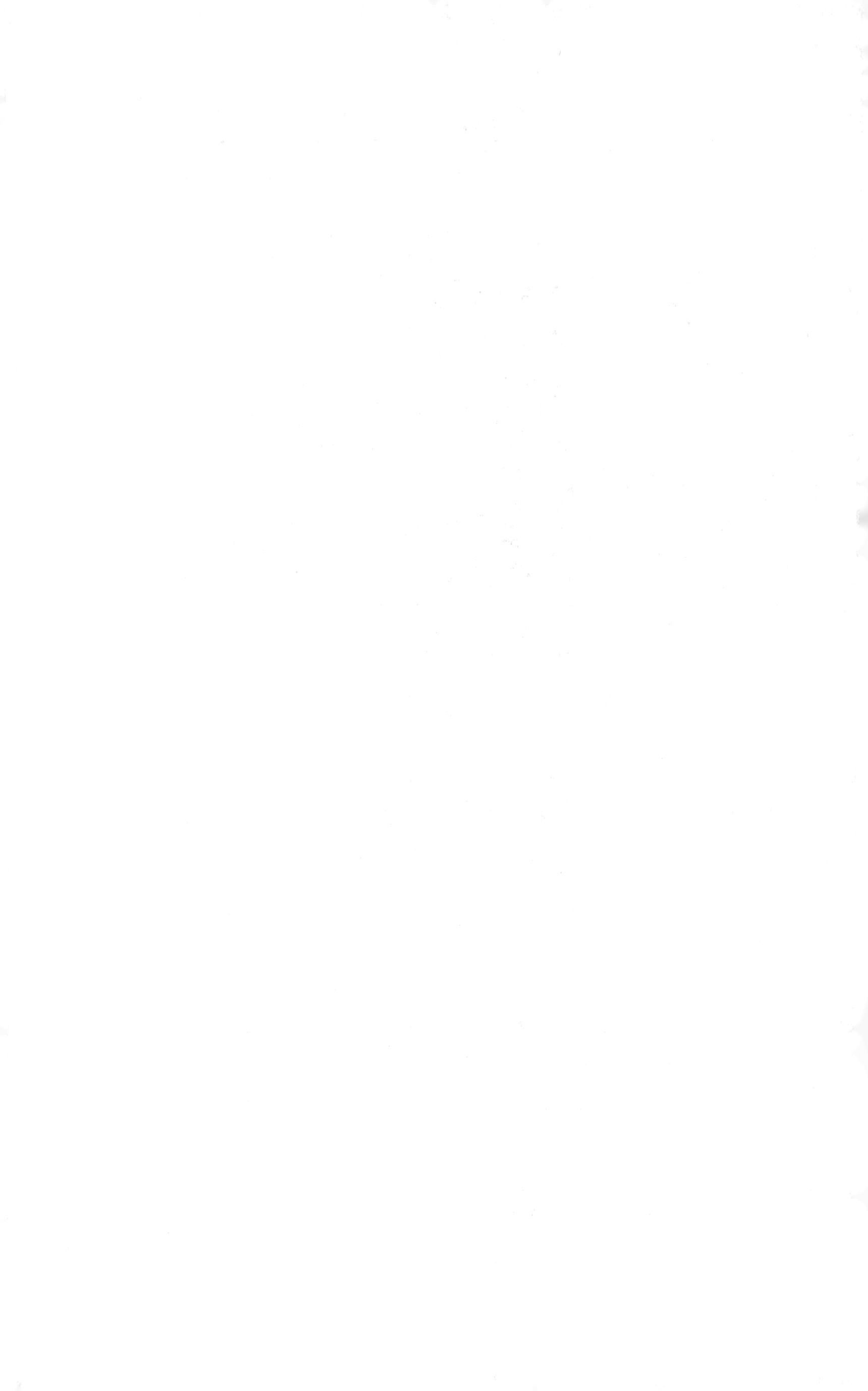

# ERRATA.

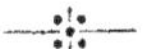

La division des chapitres a été établie en quelques endroits d'une manière erronée. Le lecteur est prié de s'en rapporter à la table des matières rectifiée comme suit :

# BIBLIOGRAPHIE.


BARBAULT. — *Les plus beaux monuments de Rome ancienne.* Rome, 1761.

BOULFRAY. — *Rome et ses monuments.*

C. BUNSON. — *Le Forum Romanum*, 1835.

L. CANINA. — *L'architettura antica.* — *Etruria maritima.* Rome, 1832-44.

G. COUGNY. — *L'art antique*, t. II. Paris, Didot, 1890.

A. CROISY. — *L'art de bâtir chez les Romains.* Paris, Baudry, 1876.

CH. DAREMBERG et F. SAGLIO. — *Dict. d'antiq. grecques et romaines.* Paris, 1873-89.

A. DE LASSUS. — *Le Forum.* Paris, Hachette, 1890.

L. DELVAUX. — *Manuel d'antiquités romaines.* Liége, Vaillant, 1895.

B. DE MONTFAUCON. — *L'antiquité expliquée et représentée en figures.* Paris, 1722.

A. DESGODETZ. — *Les édifices antiques de Rome.* Paris, 1719.

H. DE VOGÜÉ. — *L'architecture civile et religieuse en Syrie, du I$^e$ au VII$^e$ s.* Paris, 1866-67.

P. DUTERT. — *Le Forum romain et les forums de J. César, d'Auguste, etc.*

B. FILLON. — *L'art romain et ses dégénérescences. (Gazette des Beaux-Arts.)*

E. FRESUHN. — *Pompeï.* Leipzig, 1882.

M$^{gr}$ GAUME. — *Les trois Romes.* Bruxelles, Vanderborght, 1847.

J. HITTORF. — *Mémoire sur Pompeï et Petra.* Paris, impr. Impér. 1866.

HITTORF et ZANK. — *Architecture antique de la Sicile.* Paris, 1826.

INGHIRAMI. — *Monumenti etruschi ove di etrusco nome designati, incisi, illustr.* etc. Florence, 1821-26.

J. LAURI. — *Antiquae Urbis splendor*, etc. Rome, 1612.

F. LENORMANT. — *Chefs-d'œuvre de l'art antique.* Paris, 1867.

F. MAROIS et GAU. — *Les ruines de Pompeï.* Paris, 1824-38.

J. MARTHA. — *L'art étrusque.* Paris, Didot, 1889.

    » — *Manuel d'architecture étrusque.* Paris, Didot, 1874.

C.-O. MULLER. — *Monuments de l'art antique.* Gottingue, Dietrich, 1832.

    » — *Manuel d'archéologie.* Breslau, 1830.

F. NARDINI. — *Roma antica.* Rome, 1771.

NICCOLINI, FAUSTO et FELICE. — *Le case ed i monumenti di Pompei designati e discritti.* Naples, 1854.

O. PAYET. — *Monuments de l'art antique*. Paris, 1883.

PÉLADE. — *Rome, histoire de ses monuments*. Paris, Delhomme, 1895.

PERROT et CHIPIEZ. — *L'art antique*, t. II. Paris, Quantin.

F. PIRANESI. — *Le antichità romane*. Rome, 1750.

    »        — *Della magnificenza d'architettura de' Romani*. Rome, 1761.

B.-E. PISTOLESI. — *Antiquities of Herculanum und Pompeï*. Naples, 1842.

QUATREMÈRE DE QUINCY. — *Dictionnaire d'architecture*.

F. REBER. — *Die Ruinen Romes*. Leipzig, 1879.

H. ROUX. — *Herculanum et Pompeï*. Paris, F. Didot, 1840.

SCHAEYES. — *La Belgique sous les Romains*.

*Groote Stedeboeck van Italie*. La Haye, Rutgert Chr. Alberts, 1724.

P. VITRUVE. — *Les deux livres d'architecture*. (Nombreuses éditions depuis 1486.)

WINCKELMAN. — *Histoire de l'art de l'antiquité*. Leipzig, 1781.

(Voir aussi les traités généraux de l'histoire de l'art.)

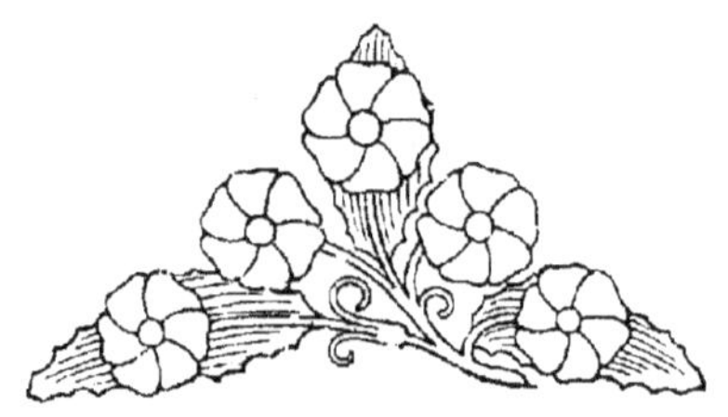

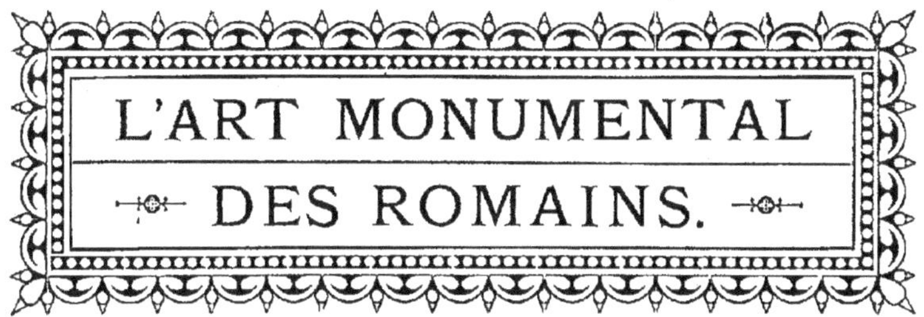



## CHAPITRE I. — Chronologie.

1. — Les grandes divisions de l'art romain sont les suivantes :

*Époque étrusque.* — La constitution de la nation romaine remonte au VIII<sup>e</sup> siècle avant J.-C. La première époque de son art appartient à l'art des Étrusques, qui furent les constructeurs des premiers monuments romains. Cette période s'étend jusqu'à la *Conquête de la Grèce. ( 146 ans avant J.-C.)*

*Époque romaine.* — Alors commence l'histoire de l'art romain proprement dit, qui comprend trois périodes :

La *première période* dure jusqu'à l'avènement d'Auguste. *( 14 ans avant J.-C.)*

La *seconde période,* qui marque l'apogée de l'art romain, s'étend du règne d'Auguste jusqu'à la fin de celui d'Antonin. *( 180 ans après J.-C.)*

La *troisième période,* correspondant à la décadence de l'art, dure jusqu'à la *mort de Constantin le Grand. ( 337 ans de notre ère.)*

A cette date, l'architecture romaine semble ne plus exister.

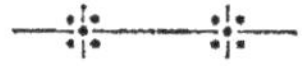

# CHAPITRE II. — Architecture étrusque (¹).

## CARACTÈRES GÉNÉRAUX.

2. — Les Étrusques furent les premiers éducateurs des Romains ; leur art a concouru avec l'art grec à former le style romain. Aussi convient-il que nous examinions ici, ce que de trop rares documents ont fait connaître sur l'architecture primitive de l'Étrurie.

Les Étrusques occupaient la partie la plus belle de l'Italie, devenue depuis la Toscane, qui s'étend depuis les rives du Pô et les Apennins, au Nord de Florence, jusqu'aux rivages du Tibre. On croit que les habitants de cette région comprenaient, outre la race indigène, une population d'origine indo-pélasgique, qui avait émigré de la Grèce environ mille ans avant J.-C.

Les Étrusques formaient une puissante nation; leurs douze cités principales, assises chacune sur son rocher, rappellent ce vers de Virgile : *Congesta manu præruptis oppida saxis*. Entr'elles se distinguaient Véiès, Tarquinies, Volsi, Pisæ, et figuraient déjà Pérouse, Cortone, Bolsène.

Leur art offrait d'étroites analogies avec l'art primitif de la Grèce; probablement en avaient-ils emprunté aux Pélasges les premiers éléments. Plusieurs savants, notamment M. W. Helbig, ont établi que leurs villes présentaient ordinairement la forme d'un quadrilatère ; elles étaient contenues dans des murs d'enceinte en maçonnerie cyclopéenne, percée d'au moins trois portes.

Les Étrusques possédaient des temples analogues, comme formes principales et secondaires, aux temples doriques. D'un autre côté les sculptures et les produits de leur art le plus ancien sont empreints en général d'un caractère oriental très prononcé. Les tombeaux sont parfois des tumuli ; mais parfois aussi ils sont taillés dans les rochers. Les Étrusques excellaient dans l'art céramique et dans la fonte des métaux. La bijouterie est arrivée chez eux de bonne heure à une grande perfection, comme en font foi les

---

1. J. Martha, *L'Art étrusque*. Paris, Didot, 1889, Chap. VI. *Archéologie étrusque et romaine*.

diadèmes, les colliers, les bagues, les bracelets, les fibules étrusques, que l'on conserve au Louvre et dans d'autres musées.

Plus utilitaires et plus industriels que les Grecs, les Étrusques semblent avoir eu une architecture plus simple et plus massive. On leur a longtemps attribué l'invention de l'arcade appareillée à claveaux ; du moins ils ont donné à cet élément de la construction un développement nouveau et considérable.

« Ce qui distingue l'architecture romaine, dit M. Martha (¹), c'est l'emploi qu'elle a fait de la voûte... Cet appareil a permis aux Romains d'édifier des monuments tels, qu'aucun peuple avant eux n'en avait laissé de semblables, et que tous les peuples après eux ont eu l'ambition de les égaler. Eh bien ! cet appareil, Rome en est redevable à l'Étrurie. Ce sont les Étrusques qui, seuls dans le monde antique, en ont recueilli la tradition. Ce sont eux qui l'ont conservé, qui l'ont perfectionné. Ce sont eux qui, au temps des rois, l'ont apporté chez les Romains et l'ont fait entrer dans la pratique de l'architecture. »

L'emploi de la voûte empruntée par eux à l'Orient, sans doute par l'intermédiaire des Phéniciens, a été chez eux la conséquence d'une nécessité, les roches de la Toscane étant trop peu résistantes pour en faire des architraves monolithes. Aussi ont-ils fait leurs plates-bandes en bois.

Leurs appareils de maçonnerie étaient de trois sortes : 1° le type polygonal ; 2° l'appareil quadrangulaire irrégulier ; 3° l'appareil quadrangulaire régulier.

Les Étrusques ne se montrent originaux que dans la construction des charpentes, des voûtes et des maisons. Pour le reste, ils sont les copistes des Grecs. Leur système de construction comportait un mélange de bois et de maçonnerie.

Leurs temples offraient des portiques ressemblant singulièrement à ceux de l'ordre dorique grec. L'espacement des colonnes était considérable (3 ¹/₂ diam. inf.) L'entablement était en bois, au moins en partie. L'ensemble présentait une certaine maigreur.

Spécialement portés vers les arts utiles, les Étrusques n'ont pas, comme les Grecs, cherché à perfectionner leur construction

---

1. J. Martha, *L'Art étrusque*, p. 612.

au point de vue de la forme, et à remplacer le bois par de la pierre.

Il ne reste presque plus rien de leurs œuvres. On ne trouve quelques vestiges de leur ordre que dans un tombeau près de Tarquinies, dans les ruines d'un temple de Jupiter sur le mont Albain et dans celles du temple de l'Espérance à Rome.

Mais la disposition de leurs temples nous est connue par le passage très explicite de Vitruve.

### TEMPLES.

3. — Pour tracer les temples, on divisait, dit cet architecte romain, en 6 parties égales toute la longueur de la terrasse. Retranchons sur le devant une des parties, le reste sera pour la longueur de l'édifice proprement dit ; on divisera celle-ci en deux parties égales. La plus profonde formera la *cella*, partagée en 3 nefs, la

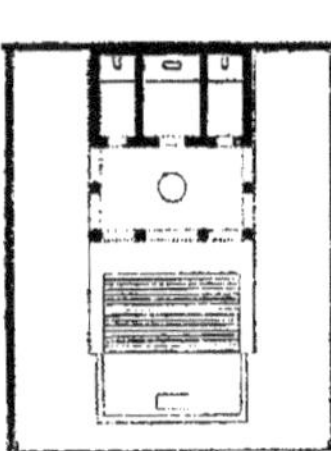

Fig. 1.

Temple étrusque.

partie antérieure formera le *portique*. Le plan de l'édifice est à peu près carré, à la différence du temple grec, qui affecte la forme d'un rectangle allongé. La largeur étant divisée en 10 parties, la nef centrale en a 4, les nefs latérales chacune 3. La partie centrale était consacrée à la divinité principale ; les deux autres, à des divinités secondaires. Ainsi dans le temple de Jupiter Capitolin à Rome, on adorait au centre, Jupiter ; aux ailes, Minerve et Junon.

Les colonnes extrêmes étaient sur l'axe des murs ou des arêtes ; les colonnes intermédiaires, dans le prolongement des murs de refend entre les nefs, de façon que l'entrecolonnement du milieu était plus grand que les deux autres.

L'architrave était en bois, la frise en maçonnerie, la corniche, en bois. Le fronton était très élevé ; il n'avait pas l'élégance du fronton grec ; il était orné de figures en terre cuite ou en bronze.

On a trouvé à Volci les vestiges d'un temple ayant la forme d'une simple *cella* rectangulaire. Il est probable que le type décrit par Vitruve se rapporte spécialement au temple de Jupiter Capitolin à Rome. Les temples étaient richement décorés de polychromie.

## ORDRE ÉTRUSQUE.

4. — Les proportions de l'ordre étrusque ont beaucoup d'analogie avec celles de l'ordre dorique grec.

Selon Vitruve, les colonnes ont *14 modules* de hauteur, et cette hauteur correspond au $^1/_3$ de la largeur du temple. Leur diminution est de ¼ du diamètre inférieur. La base a un mod. ; le module étant subdivisé en 12 parties, la plinthe, *circulaire*, prend 6 parties, le tore avec le listel, 6.

La hauteur du chapiteau, égale à 1 module, se divise en 3 parties égales, une pour le tailloir, qui est un simple plateau carré, une pour l'échine, dont le profil se rapproche du quart de rond plutôt que de la parabole, une pour la partie lisse séparant l'échine de l'astragale, y compris les filets et l'astragale.

L'architrave a 14 p., elle est en bois.

La frise a 11 p., elle est en maçonnerie.

La corniche a 17 p., elle est en bois.

Les mutules ont une saillie $= {}^1/_2$ mod. (V. fig. 3, p. 9.)

## VOÛTES [1].

5. — Sans être les inventeurs de la voûte appareillée, les Étrusques, très experts en travaux d'utilité publique, ont le mérite d'avoir introduit la voûte d'une manière large dans les constructions. De celles qui subsistent encore, les deux plus anciennes sont celle de Véri (porte de la tombe Campana) et celle de Cortone (tombe dite *cave de Pythagore*). Ils sont les auteurs des aqueducs voûtés ou *cloaques* de Rome, construits sous Tarquin le Superbe, au VI^e siècle avant notre ère.

Ces aqueducs fameux avaient 3,60 d'ouverture et offraient 3 rangées de voussoirs ; la première, de 0,60 d'épaisseur, les autres, de 0,50 [2]. Les *cloaca maxima* eurent pour but de dessécher les marais qui existaient entre le Palatin et le Capitole [3].

---

1. V. Perrot et Chipiez, *Histoire de l'art antique*, t. II, p. 277.

2. Leur voûte est faite de gros blocs lithoïdes liés de distance en distance par des assises de travertin ; le fond est pavé de larges dalles cimentées.

3. Frontin, S. J., *Commentaire sur les aqueducs de Rome*, trad. par Rondelet. Paris, 1820.

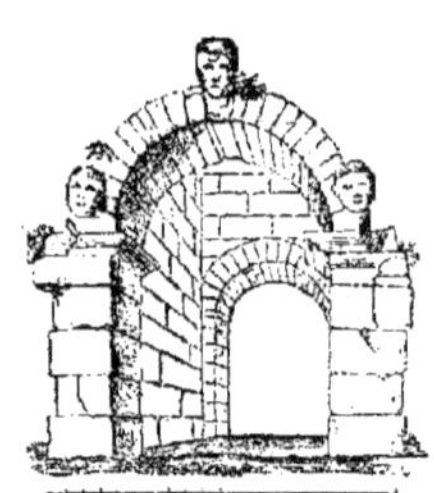

Fig. 2.
Porte de Volatère.

La *porte d'enceinte* de Volatère, dite *porta dell'Arco*, très ancienne, ressemble aux portes romaines ; elle est en plein cintre. Son archivolte est formée de voussoirs ; elle offre en plan une disposition oblique, par raison de stratégie. Elle est ornée de têtes, rappelant sans doute les têtes coupées des vaincus. Mais la plupart des autres portes étrusques sont analogues à celles des murs pélasgiques.

## TOMBEAUX.

6. — Les monuments les plus abondants de l'Étrurie primitive sont les tombeaux ([1]). Assez variés dans leurs dispositions, ils offrent surtout deux types : les *tumulus*, les *hypogées* ([2]).

*Tumulus.* Le souterrain contenant les sépultures, les sarcophages ou les cendres dans des amphores, etc., est entouré d'un soubassement circulaire construit en pierres appareillées, et percé d'une ou de plusieurs portes. Sur cette base s'élève un cône en terre battue ; au sommet se dresse une stèle, sorte de petit autel, portant une inscription funéraire.

7. — *Hypogées.* La porte s'ouvre dans une façade de style pseudodorique. Elle donne accès dans une excavation creusée aux flancs d'un rocher escarpé, ordinairement de nature volcanique. La chambre est recouverte par un plafond très bas, taillé dans le roc, supporté parfois en des points intermédiaires par de gros piliers carrés. Le plafond, quand il est plat, offre des sortes de *caissons* taillés dans le roc et à l'instar des plafonds en bois, ou en *chevronnage*, imitant également des formes propres à la charpente. On a ici une preuve nouvelle et évidente de l'influence des constructions en bois sur les formes architectoniques classiques primitives. Dans d'autres sépultures souterraines, le plafond se creusait en sorte de coupoles

1. V. *Revue britannique*, 1841-2, p. 259.

2. Nous laissons de côté les sépultures à puits *(porsi)*, qui sont les plus anciennes, et les sépultures à fosses.

rappelant les pseudo-voûtes construites dans les *trésors* de la Grèce primitive.

Le tombeau dit de *Cardinale* à Corneto offre une chambre funéraire carrée de 18 mètres de côté, dont le plafond est supporté par 4 gros piliers de 2 mètres de côté. Le tombeau de Tarquin à Cervetri, offre dans les murailles des *loculi* pour les sépultures ([1]).

Ajoutons que tous les monuments funéraires étaient décorés de peintures, dont l'aspect se rapproche des peintures grecques et égyptiennes ; ils contiennent en outre un mobilier consistant surtout en une énorme quantité de vases.

---

1. V. G. Cougny. *Album de l'hist. d'art.* — Martha, *Ouv. cité.*— Canina, *Etruria maritima*, II.

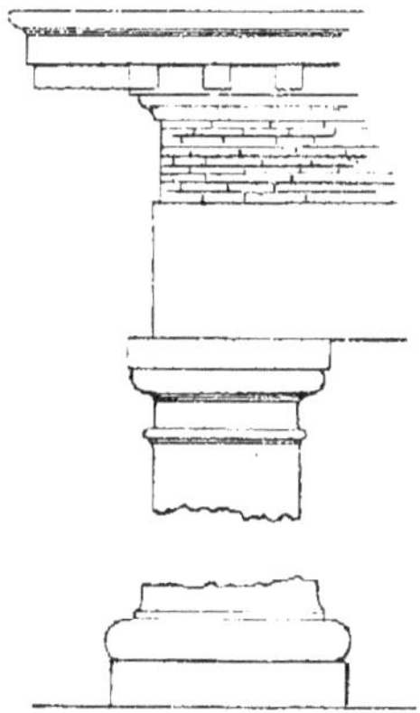

Fig. 3. — Ordre étrusque.

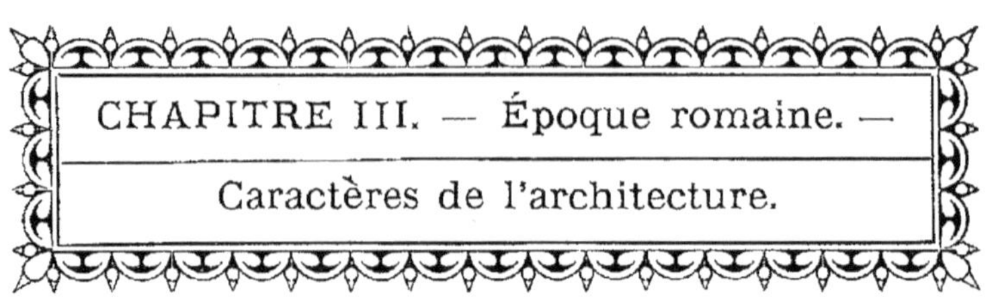


## PLATE-BANDE ET ARCADE ([1]).

8. — On ne connaît pas l'architecture des premiers siècles ; l'art y était apparemment encore nul. Les Romains s'occupaient surtout de travaux d'utilité publique ; les Étrusques furent leurs guides. Sous les premiers rois, des architectes étrusques construisent les temples et le *Forum ;* des sculpteurs étrusques exécutent les statues des dieux. Sous les Tarquins, le forum est environné de portiques, et les marais qui s'étendent du Palatin au Capitole, assainis par les *cloaca maxima,* ces égoûts gigantesques restés inébranlables jusqu'à nos jours. Il y a quinze siècles, Pline s'étonnait déjà de leur remarquable conservation ; ils formaient un véritable fleuve navigable coulant sous une voûte haute et large de 12 pieds, et longue primitivement de 2500 pieds. Ces égoûts, depuis 2400 ans qu'ils existent, n'ont pas cessé de servir à l'écoulement des eaux.

9. — *Influence grecque.* — L'art romain ne prit un certain développement qu'après la conquête de la Grèce. Frappés de l'aspect monumental des édifices grecs, les Romains allèrent jusqu'à transporter chez eux de toutes pièces des temples grecs. Après la prise de Corinthe, au IIe siècle avant notre ère, une quantité considérable d'ouvrages d'art helléniques furent apportés à Rome. De là cette remarque si souvent répétée : la Grèce, vaincue par les armes, assujettit son vainqueur à son art.

A partir de ce moment, l'art romain prend son essor. Vers la fin de la République, se montre une architecture où les éléments grecs se mêlent aux éléments étrusques.

---

1. V. *Gazette des Architectes*, t. II, p. 55.

10. — *Influence étrusque.* — Le mérite des Étrusques, nous l'avons dit, est d'avoir fait entrer la voûte d'une manière générale dans l'architecture. Ils avaient fait un système à part, complet, de l'emploi de petits matériaux mis en œuvre en forme de voûtes. Ils pratiquaient ce système à côté, et séparément du système de la plate-bande, qu'ils avaient emprunté à la Grèce, et qui exigeait de grands matériaux. Ils employaient les deux modes, mais isolément l'un de l'autre.

11. — *Mélanges des deux systèmes, de la plate-bande et de l'arcade.* — Les Romains, qui étaient d'habiles constructeurs mais de pauvres artistes, ont entrepris de marier les deux systèmes, et ont ainsi inauguré une architecture bâtarde. Ils ont les premiers conçu l'idée d'élever des arcades décorées de colonnades.

La colonne et l'entablement, ce système constructif de premier ordre, ils l'ont fait servir comme décoration. Ils ont traité séparément la structure et l'ornement, faute que les Grecs, comme les Égyptiens, avaient évitée. Leurs monuments (¹) peuvent être comparés à un homme vêtu ; il y a l'homme, il y a l'habit. Dans leur architecture, il y a la construction, il y a l'enveloppe décorative, qui est indépendante. Tout ce que les Romains demandent, c'est que cette enveloppe ait grand air ; ils dédaignent la grâce nerveuse des Grecs ; il leur faut une apparence somptueuse, la richesse exprimée d'une manière qui frappe vivement les yeux.

Tel est le trait dominant des constructions romaines : l'introduction de l'arc et de la voûte concurremment avec la plate-bande et la colonnade grecque.

C'est, comme le remarque Viollet-le-Duc (²), dans cette application des formes grecques sur leurs monuments voûtés, que les Romains ne devraient pas être imités. Cependant, c'est cette imitation qui forme la base de l'étude de l'architecture depuis la Renaissance. On a constamment méconnu un principe évident, savoir, que poser une plate-bande au-dessus d'un arc est ce qu'il y a de plus opposé au bon sens, puisque l'arc, étant par lui-même une décharge,

---

1. Viollet-le-Duc, t. I, *Entretiens*, p. 802.
2. *Ibid.*, t. I, p. 94.

devrait être, au contraire, place au-dessus de la plate-bande, qui peut à peine se porter elle-même.

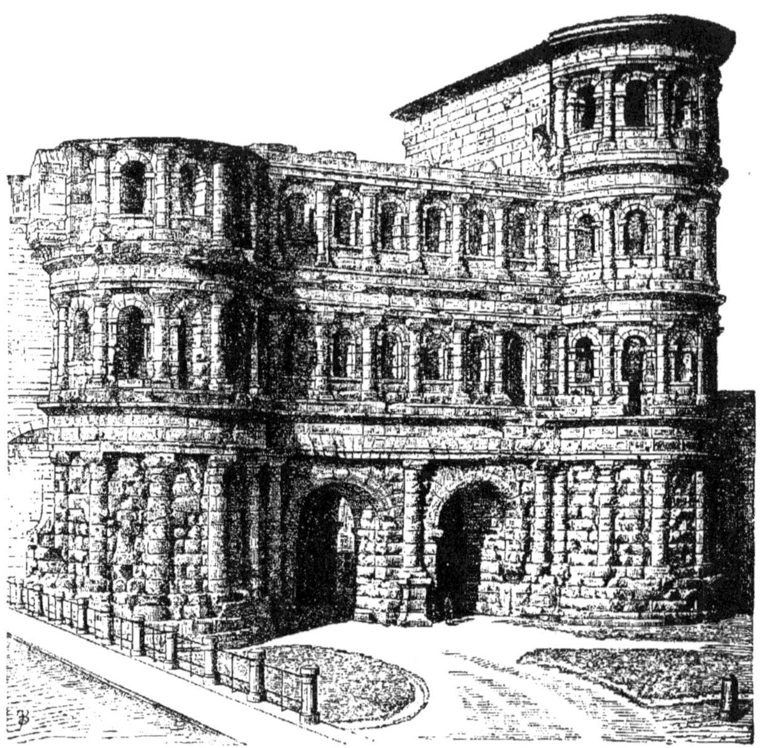

Fig. 4. — La Porta-Nigra à Trèves.

12. — *Le système de la voûte développé par les Romains.* — Pour être juste, il faut reconnaître que les Romains ont cependant employé dans plusieurs de leurs monuments le système de la voûte d'une manière isolée et indépendante, et nous verrons que dans les importantes applications qu'ils en ont faites, ils se sont montrés d'admirables constructeurs.

Le système grec ne pouvait suffire aux besoins de la nation romaine. Il ne permet pas de développer les formes des édifices en dehors de certaines limites ni de couvrir de grands espaces libres.

## APPAREILS DE MAÇONNERIE.

13. — L'appareil de la maçonnerie romaine est particulièrement remarquable et caractéristique.

Tandis que les Grecs n'avaient guère fait usage que de maçonnerie homogène, de pierre de taille de grand appareil *(opus quadratum)*, à joints vifs, sans mortier, les Romains recourent souvent aux mélanges de matériaux les plus ingénieux. Ils emploient également la maçonnerie homogène de grand appareil comme les Grecs *(opus isodomum)*, mais le plus souvent ils recourent à la maçonnerie mixte ; alors ils font emploi de mortiers d'excellente qualité, employés en joints épais.

On rencontre abondamment chez eux l'*opus emplectum*, comprenant un noyau de blocage compris entre des parements de maçonnerie régulière ; les parements sont tantôt en pierre de petit appareil, en assises horizontales, ou en réseau *(opus reticulatum)*, tantôt en briques, reliées par des parpaings et traversées par des chaînes de pierre.

Souvent aussi les briques, en zones de quelques tas de hauteur, noyées dans le mortier, et offrant de très gros joints, alternent avec des zones horizontales de pierre de taille. Le mélange des briques intercalées par assises dans la maçonnerie en pierre est caractéristique des constructions romaines.

Enfin les Romains employaient parfois l'*opus incertum* et la maçonnerie *concrète* en béton.

On rencontre dans la vieille cité de Trèves, dans de nombreux restes d'édifices romains, les différents appareils : l'*opus emplectum* avec parement en briques, à la basilique, des parements en *petit appareil*, de pierres de forme carrée, à l'amphithéâtre, la brique alternant avec des chaînes horizontales de pierre, au palais des Césars, le *grand appareil* à joints vifs, à la porta Nigra, et la maçonnerie de *béton*, aux bains.

Les Romains n'avaient du reste pas la répugnance des Grecs pour la main d'œuvre.

Dans un édifice quelconque, l'architecte grec voit une œuvre d'art idéale, destinée à transmettre à la postérité un spécimen de son goût et de son amour pour le beau. Il lui faut des matériaux de premier choix et des ouvriers artistes.

Le Romain, au contraire, se préoccupe avant tout d'une nécessité à satisfaire. Il élève en briques et en blocage des bâtisses énormes à l'aide d'armées d'ouvriers et d'un peuple d'esclaves. « Tout « homme sait casser des pierres, faire de la chaux, charrier du sable, « mouler et cuire la brique. Il se garde donc de faire extraire avec « peine des matériaux de grandes dimensions, difficiles à tailler et à « mettre en œuvre ([1]). » Rien ne rappelle mieux la méthode romaine que nos grands travaux de chemin de fer.

Quand il a fini sa bâtisse, il songe seulement à l'orner; il le fait à grands frais et d'une manière somptueuse, mais c'est pour lui une préoccupation de second ordre et séparée de la première. Les Romains ont laissé de grandes constructions non encore ravalées, comme une partie du Colisée et la porta Nigra de Trèves.

## VOÛTES ([2]).

14. — « L'architecture romaine, dit M. J. Martha, résolut le problème (de la construction) en substituant aux poutres horizontales de pierre ou de bois, à la couverture rectiligne, une voûte. Elle n'inventa pas l'art de tailler et d'agencer les pierres de telle sorte qu'elles puissent rester suspendues au-dessus du vide en se servant mutuellement de point d'appui ; le procédé remontait à une très haute antiquité, et l'Étrurie lui en avait appris la théorie et l'application ; mais chez les Étrusques il n'était guère affecté qu'à certaines constructions, telles que des portes de villes, des couloirs, des tombeaux, des arches de ponts, des égoûts, etc. ([3]). »

Les Romains donnent à la voûte le rôle principal de la construction au lieu d'en faire un expédient.

Les voûtes romaines étaient ordinairement *concrètes*. Elles étaient composées de nerfs de briques formant un *squelette* ou *réseau*, dont les intervalles étaient remplis de blocage ou de béton. L'ossature était noyée dans le remplissage, et le tout formait comme un monolithe, résistant à l'égal d'un rocher.

1. Viollet-le-Duc, *Entretiens*, t. I, p. 90.
2. Sur les voûtes romaines, V. *Revue générale de l'architecture*, 1874, pl. 33.
3. *Manuel d'architecture étrusque*, p. 123.

Les Romains faisaient usage :

  de la voûte en berceau,

  de la voûte sphérique et en cul de four,

  et de la voûte d'arêtes.

Quoique leur voûte d'arêtes n'eût pas de nervure apparente, l'arêtier était parfois constitué par un nerf de briques, que l'on peut considérer comme représentant jusqu'à un certain point un premier acheminement vers la nervure romano-gothique, que nous étudierons plus tard.

Les *arcades romaines* étaient parfois appareillées à l'aide de grandes briques plates, comprenant entre elles une forte épaisseur

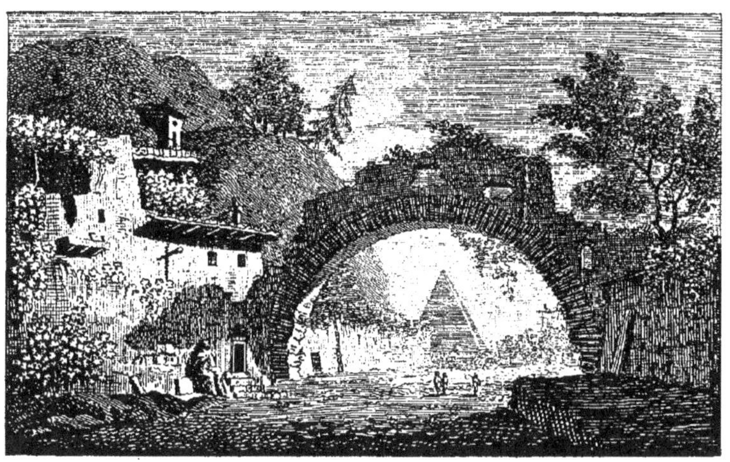

Fig. 5. — ROME. — Ruines du Mont Aventin.

d'excellent mortier, et alternant quelquefois avec des voussoirs en pierre.

Dans le système de la plate-bande, on est limité par la longueur des poutres. Aussi voyons-nous que tous les locaux importants de la Grèce sont à découvert. Les théâtres laissent le public à ciel ouvert ; les temples les plus vastes offrent la disposition hypétrale, qui comporte une partie intérieure non abritée.

Ces pratiques pouvaient convenir aux Grecs, à leurs besoins restreints, à leur climat serein et clément ; il était inadmissible pour les Romains, dont la domination s'étendait dans le Nord, dans les Gaules, sur des régions pluvieuses qui réclamaient des édifices vastes mais bien couverts et bien clos. Or, le système de la voûte, développé avec génie par les Romains, leur permit d'abriter d'une manière durable de larges espaces à l'aide de matériaux très petits, qu'on pouvait trouver partout.

## TRACÉ DU PLAN DES ÉDIFICES.

15. — Les Romains, peu artistes, ne cherchent jamais le pittoresque. En proclamant la symétrie une des premières lois de l'art, ils se sont épargné de grands embarras et des incertitudes.

L'introduction des voûtes dans l'architecture produisit nécessairement une modification complète du plan. C'est dans le tracé par terre de leurs édifices, qu'on doit surtout admirer les Romains. Là ils se montrent originaux et habiles. Désormais nous les voyons abandonner l'immuable plan rectangulaire des Grecs. Leurs édifices, notamment leurs villas et leurs thermes, offrent des plans nouveaux et remarquables, comprenant des agglomérations de salles mesurées chacune à leur destination ; les plus petites se groupent autour des plus grandes, épaulant les voûtes de celles-ci et profitant adroitement des vides laissés dans les masses destinées à étager les voûtes. Les services se groupent de manière à former un tout homogène. Nous aurons aussi l'occasion d'étudier leurs ingénieuses dispositions dans les théâtres et dans les amphithéâtres [1].

En ce qui concerne les genres de monuments caractéristiques de la civilisation romaine, M. Ampère a fait cette remarque, qu'à Athènes les plus anciens monuments sont de beaux temples ; en Égypte, ce sont des tombeaux, les pyramides ; à Rome, c'est une prison (la Mamertine) et un égoût. La première pensée des Athéniens fut pour le beau, des Égyptiens, pour le funèbre, des Romains, pour le nécessaire.

1. V. Viollet-le-Duc, *Entretiens*, t. I, p. 112.

Les Grecs, créateurs des trois ordres de colonnades architravées, avaient su leur donner, après des tâtonnements qui témoignent de leurs efforts pour la perfection et de la souplesse de leur génie, des proportions harmonieuses, des profils exquis, et des ornements propres à exprimer les plus fines nuances de leur sentiment artistique.

Les Romains, qui leur empruntèrent ces ordres, en firent des copies incomprises et altérèrent à la fois la justesse des proportions et la valeur expressive des moulures. Au surplus ils ajoutèrent aux ordres grecs deux ordres nouveaux, l'un plus rude que l'austère dorique, l'autre plus chargé d'ornements que l'élégant corinthien. Parfois enfin ils exhaussèrent la colonne sur un piédestal.

Analysons la valeur des modifications apportées par eux aux types grecs :

16. — La *colonne* romaine n'est ordinairement pas formée de tambours comme celle des Grecs ; elle est colossale et monolithe. Elle a des proportions plus élancées. Sous la base est une plinthe carrée, qui embarrasse le passage.

L'*entablement* offre des proportions moins rationnelles et conçues au point de vue du décor plutôt que de la structure. Les trois parties ont des hauteurs croissantes du bas vers le haut, à

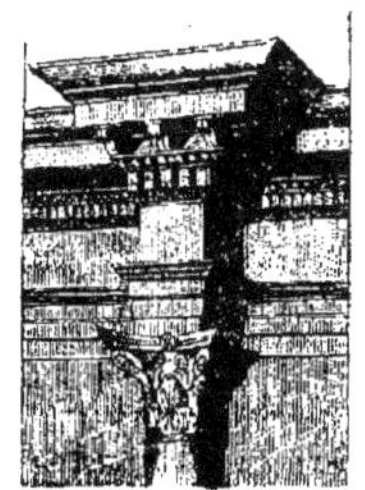

Fig. 6.

l'inverse de ce qui se passe chez les Grecs et de ce qu'exige leur fonction. On semble vouloir amplifier la frise en vue de son décor, et la corniche, pour mieux développer un luxe de moulures, le tout au détriment de l'architrave, qui est cependant le membre principal. Les Romains ont ajouté à leurs ordres un *piédestal* qui est une superfétation.

Par une innovation malheureuse, ils imaginèrent de mettre une colonne en saillie sur un mur, couronné d'un entablement, en con-

---

1. Ch. Normand, *Nouveau parallèle des ordres d'architecture des Grecs, des Romains et des auteurs modernes.* Av. 63 planches, in-fol. Paris, 1819, D. parch.

tournant la colonne avec l'entablement, de manière à *coiffer* la colonne, dispositif essentiellement irrationnel, qui dénature le rôle de la plate-bande. (Fig. 6.)

17. — *Ordre dorique*. Chez les Grecs les formes étaient expressives. Les Romains les ont dépouillées de leurs nuances délicates et significatives. C'est à l'ordre dorique surtout, qu'ils ont enlevé son caractère :

en ajoutant une base,

en atténuant la diminution du fût,

en faisant subir au chapiteau une série d'altérations.

Le tailloir est décomposé en zones moulurées et perd son énergique simplicité. L'échine parabolique, si expressive, fait place à un quart de rond banal. Les annelets sous l'échine, si vivement refouillés, sont remplacés par de simples filets. (Fig. 8.) La hauteur de la colonne est portée de 11 à 16 modules.

L'*architrave*, c.-à-d. la pièce qui porte tout, devient la partie la plus faible de l'entablement.

L'angle de la frise est marqué, non plus par un triglyphe, mais par une demi-métope qui figure un vide.

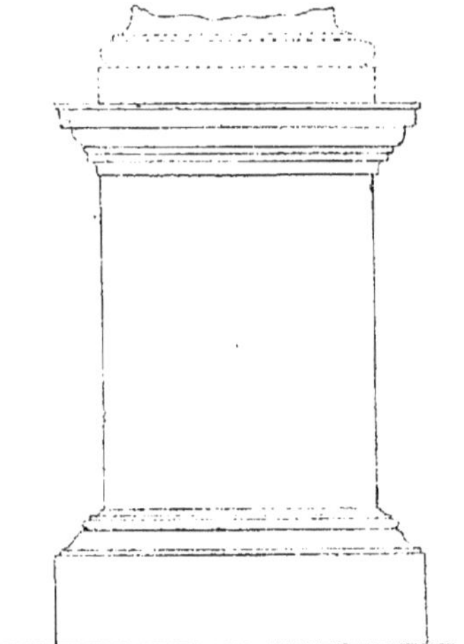

Fig. 7. — Piédestal de colonne romaine.

Les mutules de la corniche sont souvent supprimées; on conserve cependant alors les gouttes, qui représentaient les clous fixant ces mutules.

L'entablement voit sa hauteur réduite au $^1/_4$ de la colonne, tandis que chez les Grecs elle se rapprochait de $^1/_3$.

18. — *Ordre ionique*. Les Romains ont altéré également l'ordre ionique, mais d'une manière moins sensible; il est vrai qu'ils ont effacé les nuances, dans lesquelles précisément réside la beauté de

cet ordre. Ils ont diminué la grandeur des volutes et les ont distancées davantage. Surtout ils ont supprimé l'inflexion gracieuse qu'offrait le coussin en son milieu, inflexion qui accusait son caractère de souplesse, marquait sa raison d'être, et rappelait son origine. En outre ils ont exagéré le quart de rond et son porte-à-faux. Plus tard ils ont porté les volutes sur les quatre faces du chapiteau, là

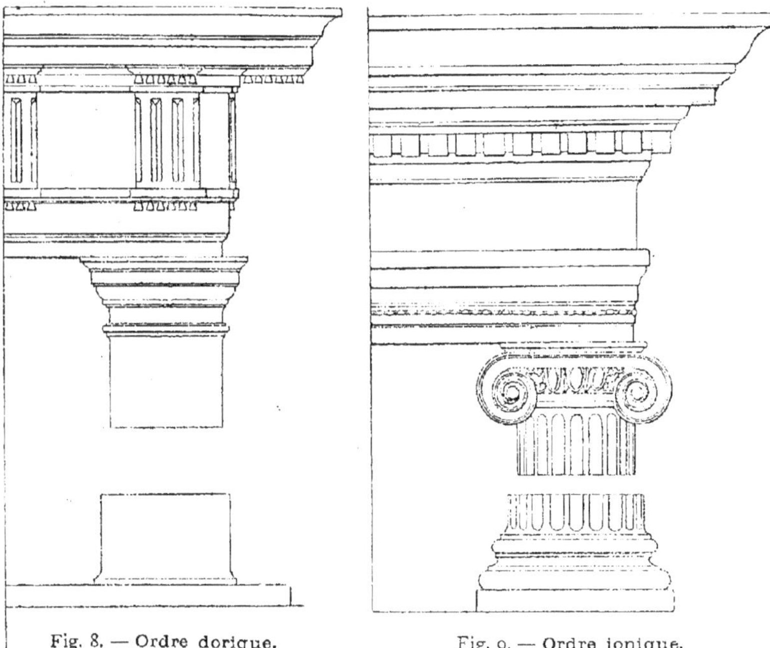

Fig. 8. — Ordre dorique.　　　　Fig. 9. — Ordre ionique.

où cette disposition n'était pas justifiée par la rencontre de deux soffites, ainsi qu'on le voit à Pompéi.

Ils ont repris d'ailleurs, et non pas à tort, l'entablement de l'Asie-Mineure, avec ses denticules.

19. — *Ordre corinthien.* L'ordre corinthien, en revanche, a été réellement perfectionné par les Romains, ou plutôt l'œuvre des Grecs a été poursuivie à Rome ; elle l'a été, du reste, paraît-il, par des artistes venus de la Grèce.

Dans les chapiteaux grecs, sauf au monument de Lysicrate, les courbes des quatre faces de l'abaque se rencontrent avec une acuité extrême, disposition qu'on retrouve au temple de Vesta à Rome, œuvre d'un architecte grec. On y voit aussi l'acanthe sauvage, épineuse, aux feuilles divisées en trois lobes et à l'œil arrondi, qui est particulière aux chapiteaux grecs.

En Italie, le chapiteau corinthien semble modifié par l'art étrusque;

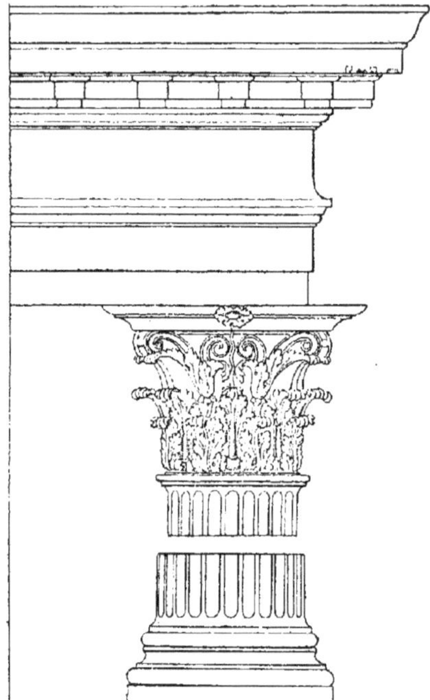

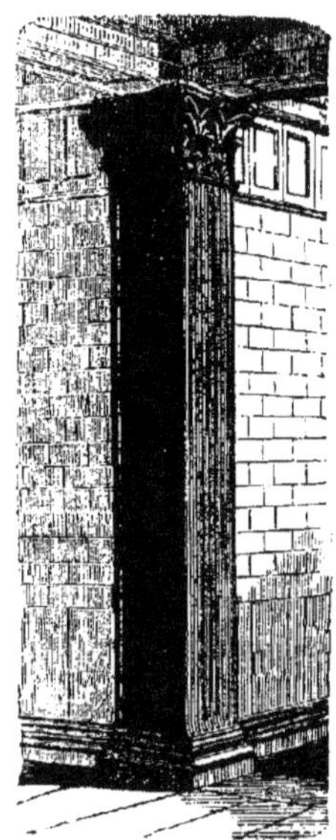

Fig. 11. — Pilastre corinthien.

Fig. 10. — Ordre corinthien.

il est trapu, et l'acanthe offre des extrémités plus arrondies ; on l'appelle l'*acanthe frisée*, qui se rapproche du vulgaire *chou gras* (bouillon blanc). Après l'asservissement de la Grèce, la pure acanthe grecque refait son apparition.

Dans les premiers édifices de l'Empire, le sentiment de la nature est abandonné ; les chapiteaux présentent une feuille d'acanthe conventionnelle ; on y mêle, comme détails, les feuilles d'olivier, de laurier, de persil. L'acanthe devient plus fine, plus souple et plus gracieuse.

*Ordres nouveaux.* En empruntant aux Grecs leurs ordres, les Romains ne les ont pas seulement modifiés de manière à prouver qu'ils n'en comprenaient pas toute la beauté. Ils ont ajouté aux trois ordres grecs, qui forment un ensemble complet, un prétendu ordre plus sévère que le dorique, le *toscan romain*, et un ordre plus riche que le corinthien, nommé *composite*.

Le premier (v. fig. 13, premier type) ne constitue, en réalité, qu'une modification du dorique grec, et le second, un mélange de l'ionique et du corinthien dans le chapiteau, et une variante du corinthien dans l'entablement. Ces ordres ne présentent, en réalité, aucun caractère propre et bien nouveau.

20. — *Invariabilité des ordres romains.* Après avoir altéré les ordres grecs, les Romains ont rendu leurs *formes* invariables, et les ont imposées partout et toujours. Les Romains étaient des gens d'ordre et ils ont renfermé les choses de l'art dans un cadre administratif ; on peut dire qu'ils ont en quelque sorte momifié les ordres.

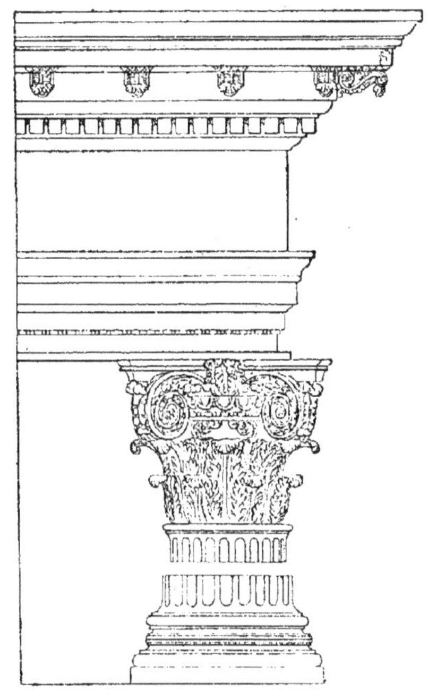

Fig. 12. — Ordre composite.

On a fait pis encore après eux, quand, au XVIe siècle, on s'est mis à étudier l'antiquité, on a prétendu fixer à tout jamais les rapports de mesure entre les membres des divers ordres, ne laissant plus aux artistes d'autre latitude, que le choix entre les cinq ordres romains, et le choix de l'échelle absolue de leur hauteur. Vignole a codifié l'art classique.

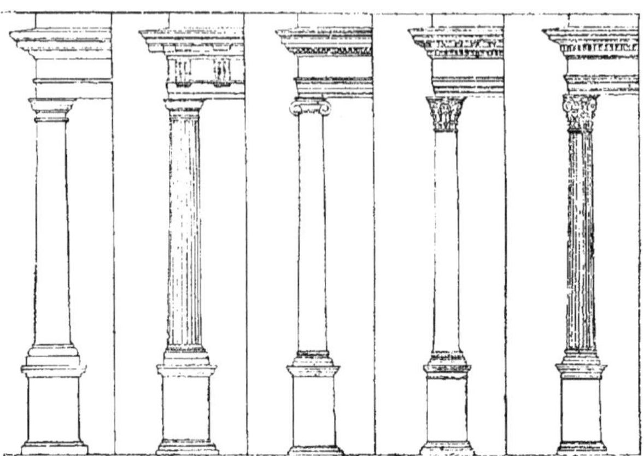

Fig. 13. — Les cinq ordres.

21. — *Superposition des ordres.* Les Romains ont fait en outre avec les ordres une chose qui ne fût jamais venue à l'esprit des Grecs : tandis que ceux-ci avaient employé les différents ordres dans le but de donner à divers édifices des caractères très distincts, et avaient fait consister précisément dans l'ordre choisi le principal élément de la physionomie d'un monument, les Romains ont associé tous les ordres dans une même construction en les superposant.

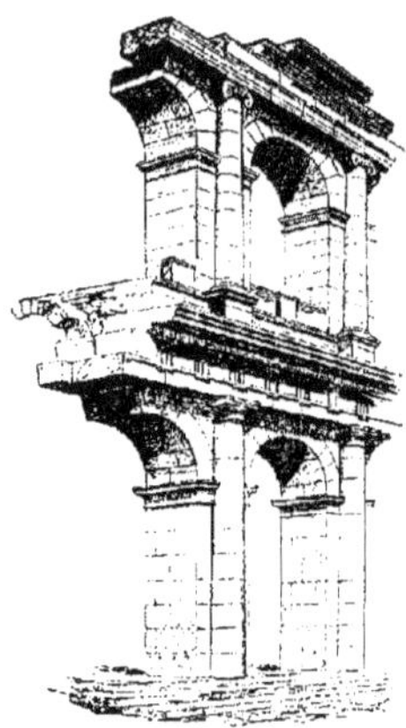

Fig. 14.
Portiques superposés.

Les constructions grecques n'avaient qu'un étage ; les grands édifices romains en avaient généralement plusieurs ; chacun était décoré d'un ordre différent, le dorique, l'ionique, le corinthien se succédant de bas en haut, comme nous le verrons dans le Colisée.

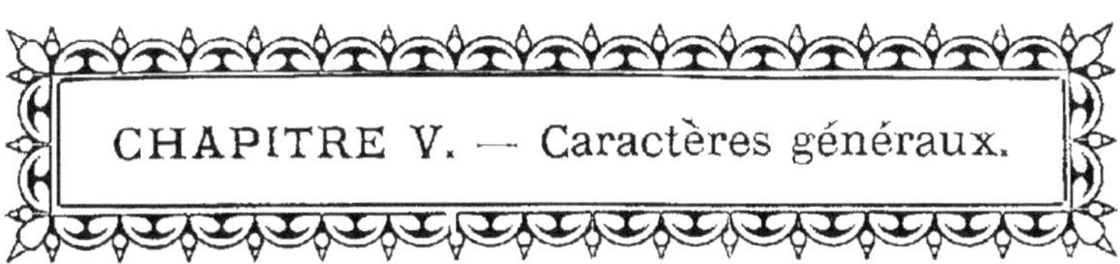

# CHAPITRE V. — Caractères généraux.

22. — En somme l'art des Romains ne suit pas une marche progressive et continue, comme les arts originaux et autochtones des peuples inventeurs. Aussi l'on chercherait en vain chez eux l'évolution régulière des époques successives de développement, d'apogée et de décadence.

C'est pourquoi, sans chercher à suivre un ordre chronologique en décrivant leur architecture, nous étudierons leurs différentes sortes de monuments l'un après l'autre, savoir : les thermes, les théâtres, les amphithéâtres et les cirques, les arcs de triomphe, les habitations, les tombeaux, les temples, les maisons et les basiliques. Le caractère qui se dégage nettement de leurs œuvres, c'est la grandeur fastueuse, l'unité de l'ensemble et la magnificence du décor. L'emploi de la voûte sur des dimensions colossales leur permit de couvrir des espaces considérables sans points d'appui intermédiaires et de réaliser de vastes programmes répondant aux exigences de leur génie administratif.

23. — Sans offrir une évolution régulière comme celui de la Grèce, l'art romain parcourt cependant certaines phases remarquables. Tributaire des Étrusques d'abord, des Grecs ensuite, il n'a pas créé ses types, mais développé ceux de ces deux peuples.

Toutefois il offre un trait d'originalité dans l'immense développement donné au système de la voûte, qui a produit des dispositions nouvelles comme celle du Panthéon et dans l'emploi de l'arcade plein-cintre combinée avec la colonnade, qui a engendré une ordonnance particulière des façades, dont le Colisée offre le principal exemple.

Les monuments romains sont empreints d'un caractère de majesté et d'ampleur qui tient à la puissance de la nation et à son esprit centralisateur et administratif. Ils montrent une recherche du luxe plutôt que de l'élégance. Les Romains ont excellé dans l'architecture somptuaire. L'ordre corinthien, qui convenait si bien à la munificence romaine, devint l'ordre par excellence.

Si l'on ne peut pas distinguer dans l'histoire de cet art les trois périodes bien distinctes de formation, de développement et de décadence, il subit toutefois certaines modifications avec le temps.

C'est au commencement de l'ère impériale, qu'il prend une physionomie propre. Sous César, les Romains avaient des architectes distingués, à la tête desquels se place *Vitruve*, qui a écrit son célèbre *Traité d'Architecture*, un des ouvrages les plus précieux que nous ait légués l'Antiquité ([1]).

Le règne d'Auguste inaugure l'époque la plus brillante de l'architecture romaine. Cet empereur disait qu'il avait trouvé Rome bâtie en briques, et qu'il la laissait bâtie en marbre. Les travaux d'utilité publique prirent une immense extension non seulement en Italie, mais encore dans les Gaules. La belle époque dura environ un siècle. Durant cet intervalle, il y eut deux règnes presque stériles, ceux de Tibère et de Caligula. L'art reprit un nouvel élan sous Flavien et surtout sous Vespasien, qui commença la construction du Colisée. Les monuments les plus remarquables de cette époque prospère sont le Panthéon, ou du moins son péristyle, et les thermes d'Agrippa, les deux portiques d'Octavie, les deux temples de Jupiter Stator et de Jupiter Tonnant, le mausolée d'Auguste, et le temple restauré de Jupiter Capitolin.

*Titus* termina le Colisée ; il fit son arc de triomphe et ses thermes. Mais il y eut sous son règne plus de monuments détruits que construits, car alors eut lieu le fameux incendie de Rome, qui anéantit la plupart des monuments de la belle époque. C'est encore sous le règne de Titus que Pompéi et Herculanum furent engloutis.

L'ordre composite fut créé sous Titus.

*Trajan* fit son forum, sa basilique, sa colonne, son arc de triomphe, ses thermes.

*Adrien* éleva son mausolée et reconstruisit le Panthéon.

Ici commence la *décadence*, qui devient complète sous Constantin

---

1. Pollio Vitruve, qui vécut sous Auguste, nous fait connaître dans cet ouvrage les théories constructives des Romains. Ce traité porte pour titre : *Vitruvii Pollionis, de architectura, lib. X, ad Cæsarem.* Il a été souvent imprimé. On croit que la première édition est celle qu'a publiée à Rome, en 1486, Jos. Verulani. Perrault en a donné une bonne édition française à Paris, en 1623.

et Dioclétien, et pendant laquelle s'accentuent tous les défauts des époques précédentes. L'arc de Septime Sévère donne le type de cette époque, et porte le cachet de la profusion qui la caractérise.

24. — Les caractères de l'art monumental des Romains ont été parfaitement résumés par M. Piron, en ces termes :

« Si les Romains poussent leur amour pour le faste à un degré prodigieux, les soins constants qu'ils donnèrent à la construction des monuments d'une utilité générale leur méritèrent de la part des peuples la plus grande reconnaissance : ils établirent des voies de communication faciles entre les principales cités de leur empire par la construction de routes multipliées auxquelles ils surent donner la plus grande solidité ; des aqueducs, composés d'immenses séries d'arcades traversant les campagnes, apportèrent l'eau dans l'intérieur des villes ; d'autres conduits souterrains procuraient aux immondices un écoulement facile et entretenaient par ce moyen la plus grande salubrité dans les cités.

C'est par ces grandes entreprises que les Romains ont surpassé les Grecs et qu'ils ont mérité l'admiration universelle ; elles prouvent que l'orgueil qui les dirigea dans l'élévation de leurs somptueux palais n'excluait pas chez eux l'amour du bien général.

Pendant les différents règnes des empereurs, ce n'est donc plus la Grèce qui présente ses modèles sages et rationnels à l'histoire de l'Architecture, car Rome et l'Italie deviennent alors pour l'art un centre actif de nouvelles productions. Le Panthéon s'élève par les soins d'Agrippa, le gendre d'Auguste ; la Sicile et cette partie de l'Italie qui porte le nom de Grande-Grèce, se couvrent de temples majestueux, et leurs villes d'argile deviennent, comme Rome leur reine, des villes de marbre. Tibère, Caligula et Claude, attachent leurs noms à d'importantes constructions. Néron lui-même se livre, avec toute l'ostentation de son caractère, à la passion des grands édifices ; c'est pour cet empereur que les architectes Sévère et Céler construisent la *maison dorée*. Mais déjà le goût antique est profondément affecté des profusions de ce temps ; il se débauche avec Rome au sein des saturnales de l'empire, tant il est vrai que chez tous les peuples et à toutes les époques, l'art se montre fortement empreint d'un caractère social qu'on ne peut lui dénier sans fouler aux pieds la philosophie de l'histoire.

Le règne de Trajan, l'un des plus vertueux empereurs que Rome ait donnés au monde, arrêta momentanément la décadence de l'art. Sous ce nouveau maître, il reprend quelque chose de la mâle pureté de ses formes antiques. Trajan fait construire le Forum, les arcs-de-triomphe, et tous ces édifices semblent appartenir à un autre âge ; dirigé par le goût austère de l'Empereur, l'architecte Apolodore élève la colonne triomphale, monument éternel de son nom, de sa gloire et de la grandeur de son règne.

La décadence de l'art reprend son cours sous Adrien et les Antonins. C'est à peu près à cette époque, sous le règne d'Aurélien, que s'élèvent en Syrie les villes monumentales de Palmyre et de Balbeck. Rome, maîtresse des cités, veut les construire à son image. Cependant de nouvelles idées qui se répandent dans le monde vont influer profondément sur l'Architecture. Cette révolution s'annonce de loin : l'arc de Septime Sévère, le luxe qu'étale encore Dioclétien dans la construction des Thermes, son vaste palais de Spalatro, offrent l'image d'un combat entre le goût ancien et les idées nouvelles, ou si l'on veut, entre le bon goût et la barbarie qui s'avance à grands pas. C'est que cette époque est celle d'une lutte entre deux principes sociaux, lutte dont le résultat ne peut être étranger aux progrès de l'art. Mais d'une part le goût n'a pas de principes absolus, et d'autre part la barbarie se manifeste plutôt dans la destruction que dans la production d'une forme nouvelle.

La translation du siège de l'Empire à Byzance marque décidément la fin de l'ère antique. »

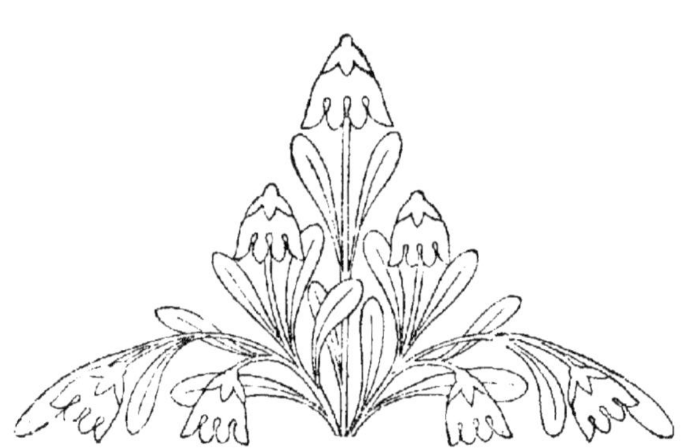

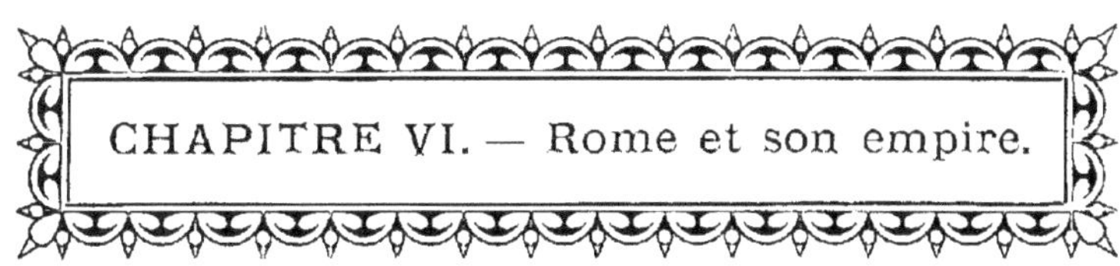

# CHAPITRE VI. — Rome et son empire.

25. — Fondée vers l'an 753 avant J.-C., Rome se développa sous les règnes de ses sept rois, qui se succédèrent en 244 ans. Sous le 3ᵉ et le 4ᵉ règne, elle prit un développement remarquable ; pendant les trois suivants, qu'on peut nommer la période étrusque, elle devint riche et populeuse. Déjà elle avait conquis une moitié du Latium, une partie du pays des Sabins et peut-être toute l'Étrurie. La tyrannie des Tarquins détermina l'expulsion des rois en l'an 509.

Érigée en république et gouvernée par les consuls, elle fut éprouvée par des luttes intestines, soutint des guerres incessantes avec ses voisins et finit par subjuguer toute l'Italie (510-264). Portant enfin ses armes loin de la péninsule, elle conquit la Sicile et l'Espagne (201-148). Pendant la première partie du siècle suivant, Rome abat Carthage, s'empare de la Macédoine et de la Grèce (146) et repousse les Séleucides de l'Asie-Mineure. Vers l'an 125, commence à se former en Gaule la province romaine. Après la défaite de Jugurtha et l'occupation de la Numidie, Rome devient la grande puissance du monde, mais les discordes intestines énervent sa puissance, et amènent la chute de la république (l'an 31 av. J.-C.)

La république avait duré 480 ans ; l'empire devait en durer 500. Le règne d'Auguste, illustré par la naissance du Sauveur du monde, inaugure une période de réorganisation et de grande prospérité.

L'empire peut se diviser en cinq périodes :

1º Le premier siècle du principat : marqué par les règnes funestes des Tibère, des Caligula, des Néron, des Vitellius. L'empire s'accroît de la Bretagne.

2º Le second siècle du principat (96-193), que signale la sagesse de Trajan, d'Adrien, d'Antoine, de Marc-Aurèle. L'empire se consolide et s'accroît de la Mésopotamie et de la Dacie.

3º L'anarchie militaire (193-284), durant laquelle les Barbares exercent leurs ravages ; l'empire tombe en décadence.

4º Le premier siècle de la monarchie proprement dite, de Dioclétien à Théodose (264-395). L'empire se réorganise. Sous

Constantin (310-328), le christianisme triomphe et devient religion impériale. Puis Rome cesse d'être la capitale de l'empire, qui est transférée à Constantinople.

5° Seconde période de la monarchie (395-476). L'empire romain est partagé, après la mort de Théodose (395), en empire d'Orient et en empire d'Occident ; puis envahi par les Barbares.

### ROME.

26. — L'ancienne Rome, bâtie d'abord sur sept collines de la rive gauche du Tibre, les monts Capitolin, Palatin, Quirinal, Aventin, Cœlius, Viminal et Esquelin, en avait progressivement envahi plusieurs autres, et finit par comprendre dans son enceinte les monts Vatican, Janicule, Testaceus, Citorius, Pincius. Elle avait trente-sept portes, et six ponts. Auguste l'avait divisée en quatorze régions, comprenant plus de deux cents quartiers.

Pour nous faire une idée de l'importance majestueuse de la ville que nous allons étudier, rappelons, avec l'abbé Gaume ([1]), que cette ville, capitale réelle de l'Univers, renfermait :

> 46600 îlots ou groupes de maisons séparés par des rives ;
> 2117 palais de la plus inconcevable magnificence ;
> 424 places ou carrefours ;
> 470 temples d'idoles ;
> 45 palais consacrés à la débauche ;
> 857 établissements de bains ;
> 1352 réservoirs d'eau ;
> 32 bois sacrés ou lacs ;
> 2 grands amphithéâtres, dont l'un, le Colysée, pouvait contenir 87000 spectateurs assis, et 20000 debout sur les terrasses ;
> 2 grands cirques, le c. Flaminius et le c. Maximus, ce dernier avec 150000 places, au sentiment de ceux qui en mettent le moins, et 483000, selon ceux qui en admettent le plus ;
> 5 naumachies où l'on représentait des batailles navales ;

_______

1. *Les trois Romes*, t. I, p. 146.

36 arcs de triomphe;
19 bibliothèques ;
48 obélisques;
10 forums ;
10 basiliques

et un peuple innombrable de statues de marbre, en bronze et même en or (¹).

Parmi les monuments anciens qui sont encore debout ou dont il reste des ruines importantes sont le pont Ælius près Saint-Ange, avec le fort de ce nom, l'ancien mausolée d'Adrien, les *Cloaca maxima*, le Colysée, le grand Cirque, le Panthéon, les restes du théâtre de Marcellus, ceux des Thermes de Titus, de Caracalla, de Dioclétien, les arcs de triomphe de Titus, de Constantin, de Septime Sévère, les colonnes Antonin, Trajane, Duillienne (rostrale), les mausolées d'Auguste, de Cécilia Metella, de Cestius. On cherche en vain l'antique citadelle du Capitole primitif, le palais de César et les forums de Nerva, de Trajan, d'Aurélien. Du Capitole ancien il ne subsiste que la partie qui faisait face au Forum et quelques salles intérieures.

## FORUMS.

27. — Le *forum* des Romains, qui répondait à nos marchés et places publiques modernes, était une place où le peuple s'assemblait pour les affaires publiques. Il présentait une enceinte ou cour oblongue, dont la largeur égalait les deux tiers de la longueur, entourée, à l'intérieur, d'un portique à un seul ou à deux étages de colonnes ; ce portique servait à abriter les boutiques des débitants de toute espèce, qui y étalaient leurs marchandises. L'*area*, ou la partie à ciel ouvert du forum, pavée avec de grandes dalles, était décoré de statues et d'autres monuments érigés aux citoyens qui avaient bien mérité de la cité. Le forum avait plus ou moins d'étendue et était construit avec plus ou moins de luxe suivant l'importance et les richesses de la ville à laquelle il appartenait. Dans les villes les plus populeuses et les plus opulentes, les portiques doivent avoir été bâtis de marbre ; mais dans celles d'un

---

1. V. Nardini, *Roma antica*, p. 436. Onuphre Panvin, *De Rep. Rom.*, 105.

ordre inférieur, et même dans les villes de second rang, telles que Pompéi, ils n'étaient construits qu'en pierre ou en brique, et recouverts de stuc peint en rouge ou en d'autres couleurs vives. Si l'épithète d'*opus regium*, dont Eumène qualifie le *forum* de Trèves, dans le panégyrique de l'empereur Constantin, n'est pas une hyperbole de rhéteur, ce *forum*, construit par ordre de ce prince, doit avoir été d'une certaine magnificence.

Outre le forum principal, nommé *Forum Romanum*, Jules César établit un second *forum* au pied du mont Quirinal et de l'Esquilin.

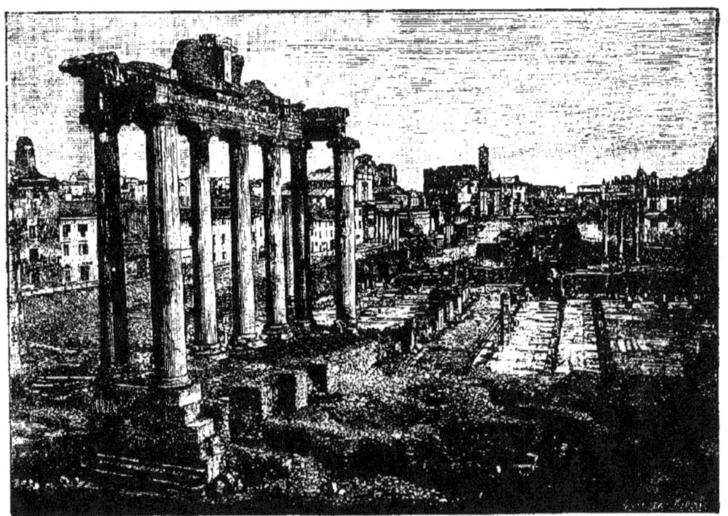

Fig. 15. — Le Forum romanum vu du Capitole.

Auguste en construisit un troisième au bas et à l'Est du mont Capitolin. Ces trois forums étaient réservés aux affaires publiques; d'autres furent créés encore pour embellir la ville.

28. — Le *Forum romanum* était un assez vaste terrain situé entre le mont Capitolin et le mont Palatin. C'était primitivement un marais, desséché, dit-on, par Romulus et Talius, et que Tarquin l'Ancien entoura de constructions et orna de portiques. Il avait la forme d'un long quadrilatère de 650 mètres de long sur 200 de large, limité

au S. O. par la *Via Sacra*. Plus tard, il fut bordé d'une multitude de monuments célèbres : la prison Mamertine, le temple de Faustine, la basilique Porcia, etc., au N. E. ; l'arc de Fabius, près des *Rostra Julia ;* au pied du Palatin était l'*atrium* de Vesta et le temple de Castor et Pollux, avec le temple de Saturne et l'*aerarium* (trésor public) ; quatre édifices bordaient le N. O : le portique des *Dii consentes*, le temple de Vespasien, le temple de la Concorde et le *Tabularium*, lieu de réunion des tribuns et des édiles. Le Capitole vint couronner l'ensemble. Sous l'empire le forum lui-même fut encombré des arcs de triomphe, des colonnes, des statues, des monu-

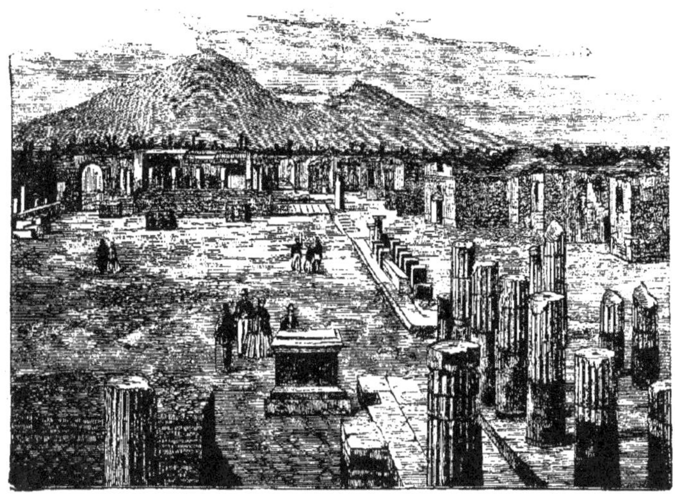

Fig. 16. — Le Forum de Pompéï.

ments, parmi lesquels s'élevait la *colonne rostrale* destinée à remémorer la victoire de Duilius sur les Carthaginois.

Déjà sous la république, les édifices avaient fini par s'entasser littéralement dans le *forum*, au point de gêner la circulation, tandis que la foule s'y pressait pour entendre la voix éloquente des Caton, des Hortensius et des Cicéron, pour assister aux débats politiques, pour y traiter les affaires de bourse, pour y tenir des marchés, y voir défiler des cortèges, y assister à des spectacles et à des banquets.

Le *Forum* proprement dit, cette place historique où s'agitèrent longtemps les destinées du monde, était séparé de la partie nommée *Comitium*, destinée aux assemblées des comices et des curies et plus élevée que l'autre, par la tribune aux harangues.

En dépit des ruines accumulées durant des siècles par les Barbares, le *forum* présentait encore des édifices intacts quand Charlemagne fut couronné empereur dans la Ville éternelle ; mais au XIᵉ siècle, les Normands détruisirent sans pitié ce qui était resté debout. Bientôt on vit les troupeaux venir paître l'herbe sur les ruines des monuments ensevelis ; le vieux *Forum*, enseveli sous dix mètres de terre, fut remplacé par un marché aux bestiaux, nommé le *Campo Vaccino*. De nos jours le sol a été fouillé, et l'emplacement du *Forum* est devenu comme un vaste musée lapidaire à ciel ouvert.

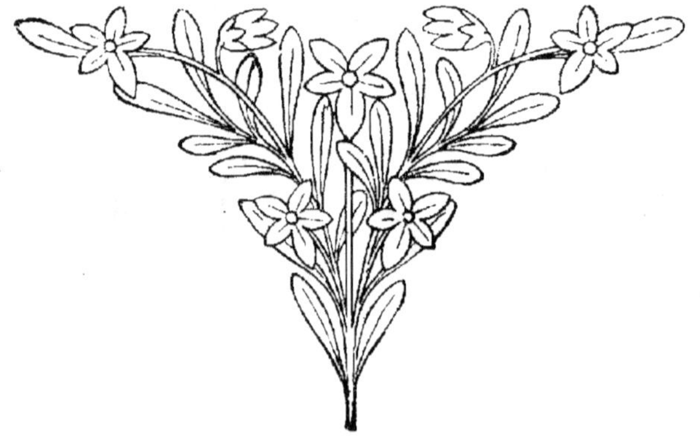

29. — Les Romains adoptèrent d'abord la forme du temple étrusque, qui était celle du temple de *Jupiter Capitolin* à Rome, avec ses trois *cella* contiguës.

Mais ils imitèrent plus tard l'ordonnance des temples grecs avec cette différence, que les degrés ne faisaient ordinairement pas le tour de l'édifice. La cella s'élevait sur un stylobate continu, précédé d'un perron à l'avant et débordant en façade sur les flancs de l'escalier. Le fronton était moins obtus que chez les Grecs.

Comme les Grecs, les Romains eurent :

des temples *à antes*, comme celui de la Fortune à Rome, ainsi que celui d'Auguste à Pola.

des » *prostyles*, comme ceux de la Fortune et de Jupiter à Pompéi. Cette dernière forme était le plus généralement employée; elle comportait un *pronaos* et une *cella*.

des » *amphiprostyles*, comportant en outre un *opisthonaos*, qui répétait à l'arrière le pronaos; ces temples étaient rares.

des » *périptères*, qu'entourait une file de colonnes extérieure sur tout le pourtour; tel est le temple rond de Vesta à Tivoli, datant de la fin de la république.

des » *pseudo-périptères*. La *Maison carrée* de Nîmes est le plus bel et le plus complet exemple qui subsiste de ce type; on cite aussi le temple de la Fortune Virile à Rome.

des » *diptères*, comme le temple de Quirinus à Rome.

des » *pseudo-diptères*, comme le célèbre sanctuaire de Vénus à Rome et le grand temple de Palmyre.

des temples *monoptères*,                comme le temple de Sérapis à Pouzzoles. Tous ont été détruits.

Le monoptère n'avait pas de mur d'enceinte, parfois même pas de couverture. Des temples ronds avec colonnades extérieures réalisaient une variante circulaire de périptère, dont l'exemple le plus remarquable est celui de la Sibylle à Tivoli. Il en subsiste deux, le second est celui de Vesta à Rome.

Le *péribole* ou enceinte du temple, avait fini chez les Romains par prendre une grande importance. Dans cette enceinte s'élevaient des colonnes, des portiques, des édicules, des autels, des fontaines, et jusqu'à des stades et des théâtres, comme à Épidaure.

Les Romains ont développé les colonnades plus que les Grecs. Le grand temple multiple du *Soleil* à Baalbeck, qui a été ces dernières années l'objet de·recherches spéciales, déployait un très grand luxe de colonnades.

### TEMPLES DE NISMES ET DE VIENNE.

30. — Le mieux conservé de tous les temples romains est celui que possède la France, vulgairement connu sous le nom de *Maison carrée* de Nismes (Gard). D'après les traces de l'inscription, interprétée par Séguier en 1738, il remonterait à l'an premier de l'ère chrétienne. Il est *hexastyle*, *prostyle* et *pseudo-périptère*. Un portique corinthien de dix colonnes précède la cella, qui est rectangulaire; toute l'ordonnance porte sur un haut stylobate précédé d'un monumental escalier. Le style est romain. La corniche offre une particularité étrange : les modillons sont placés à l'envers, les grosses volutes en saillie. On a retrouvé jadis les vestiges d'une vaste colonnade qui lui formait une enceinte ou péribole, se raccordant à un forum.

Aujourd'hui l'antique édifice, restauré en 1822 ([1]), est converti en musée.

A côté du temple de Nismes l'on peut citer l'*Augusteum* de Vienne (France), comme un des plus remarquables que l'antiquité nous ait légués ([2]). Il est *hexastyle*, *prostyle*, *périptère* et d'ordre

---

1. V. Aurès dans la *Gazette d'architecture*, 1864, p. 256.

2. V. *Bull. archéol. du Comité des trav. hist.*, 1891, n° 2, p. 332.

corinthien. Il fut élevé sous Tibère en l'honneur d'Auguste, comme

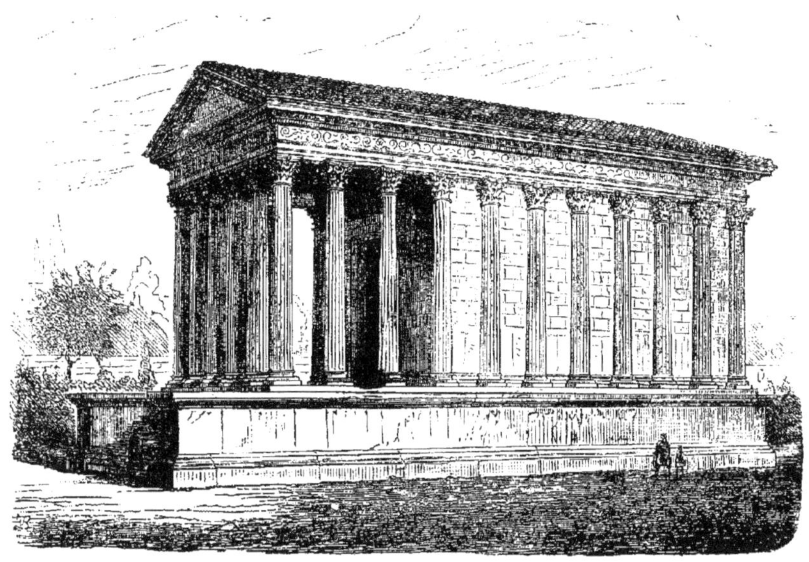

Fig. 17. — NISMES. — La maison carrée.

l'indique sa dédicace, reconstituée par Schneyder. Il est fort élégant dans son ensemble, mais d'une exécution irrégulière et négligée.

## TEMPLES DE ROME ET D'ITALIE.

31. — Le temple d'*Antonin et de Faustine* (fig. 18), qu'on peut définir : *corinthien*, *prostyle* et *hexastyle*, a été converti en une église sous le titre de San Lorenzo in Miranda; grâce à cette circonstance, on peut encore en admirer les détails, empreints du style grec. Le portique qui précède la cella est formé de huit colonnes de cipolin, de 14 mètres de hauteur, les plus grosses qu'on connaisse faites de marbre, qui supportent un entablement formé de trois immenses blocs de marbre avec cette inscription : DIVO ANTONINO DIVE FAUSTINÆ.

Le piédestal des colonnes est enfoncé de cinq mètres dans le sol actuel. Les murs sont faits d'énormes blocs de travertin. La frise est enrichie de bas-reliefs remarquables figurant des animaux fabuleux. Le temple s'élevait sur un soubassement continu offrant toutes les parties du piédestal.

32. — Le temple de la *Fortune Virile* à Rome se rapproche par sa forme de la maison carrée de Nismes. C'est un édifice de style *ionique*, *pseudo-périptère*, *tétrastyle*, élevé à la fin de la République. Les colonnes mesurent huit mètres de hauteur et supportent un entablement en marbre blanc orné de bas-reliefs remarquables. Il est devenu depuis le XIe siècle l'église de Sainte-Marie l'Égyptienne.

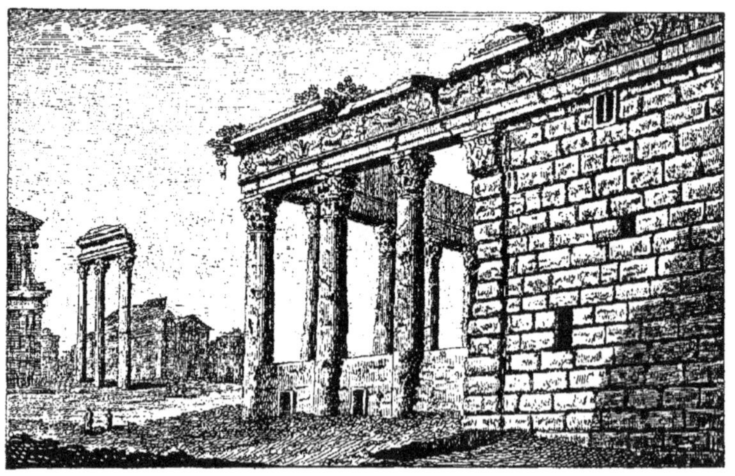

Fig. 18. — Le temple d'Antonin et dé Faustine à Rome.
(D'après une ancienne gravure.)

Il reste au *forum* trois colonnes corinthiennes qui sont les seuls vestiges du temple de *Jupiter tonnant*, élevé par l'empereur Auguste.

33. — Le temple de la *Concorde* (fig. 20) s'élevait au pied du Capitole. Ses ruines imposantes montrent encore huit superbes colonnes ioniques debout, en granit oriental, de 48 pieds de hauteur. Elles formaient un pronaos, qui précédait une cella plus large que profonde, et cela parce qu'elle ne pouvait s'étendre en profondeur, à cause de la colline à laquelle l'édifice était adossé. Ce temple fut élevé par Camille, après qu'il eut réussi à rétablir l'entente parmi le

peuple, qui avait abandonné Rome, pour se retirer sur le Mont
Sacré. Il fut reconstruit par Maxence. C'est dans son enceinte que
Cicéron prononça ses fameuses Catilinaires.

34. — Le temple *monoptère*, dit de *la Sibylle* à Tivoli, était, selon
Piranési ([1]), consacré à Vesta. Il est assis sur le roc, qui se dresse à la
droite du gouffre où s'élance en mugissant le Teveron (l'antique Anio),
en formant une double cascade d'une hauteur de deux cents pieds.

Il est rond comme devaient l'être les temples de Vesta. La cella
était entourée d'un portique de dix-huit colonnes, dont un tiers

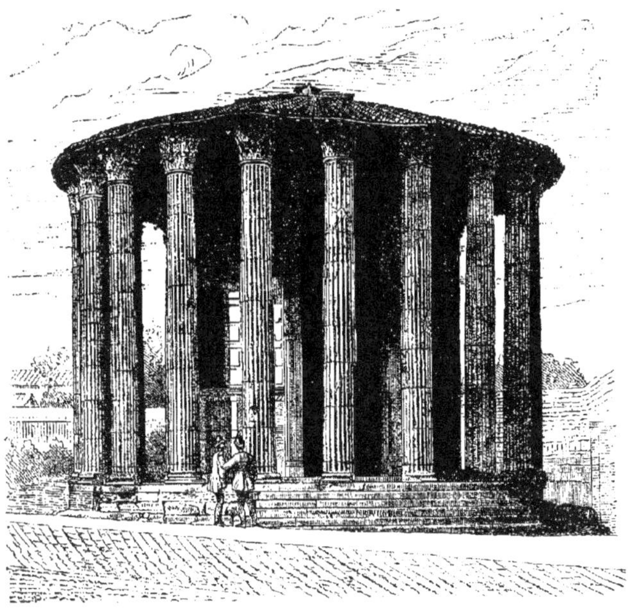

Fig. 19. — Le temple de Vesta à Rome.

reste debout; il est d'ordre corinthien et rappelle l'art grec plutôt
que le style romain; les chapiteaux constituent une sorte de composite. Sur la frise, des têtes de bœuf *(bucranes)* alternent avec des
guirlandes; la corniche offre une sévérité tout hellénique.

On conserve à Rome un autre temple, également rond, dédié,

1. Piranesi, *Raccolte di tempi antichi.*

à *Vesta*, et *monoptère*. Il est devenu le sanctuaire de Sainte-Marie du Soleil. Dix-huit colonnes corinthiennes de trente pieds de hauteur, bordant un escalier circulaire, dessinent un portique circulaire de 9 mètres de diamètre extérieur; elles portaient, paraît-il, une superstructure en bronze doré. C'est dans la cella carrée, encore existante, que les Vestales entretenaient le feu sacré, emblème de l'éternité de Rome.

Le temple d'*Isis* à Pompéi offre une disposition analogue.

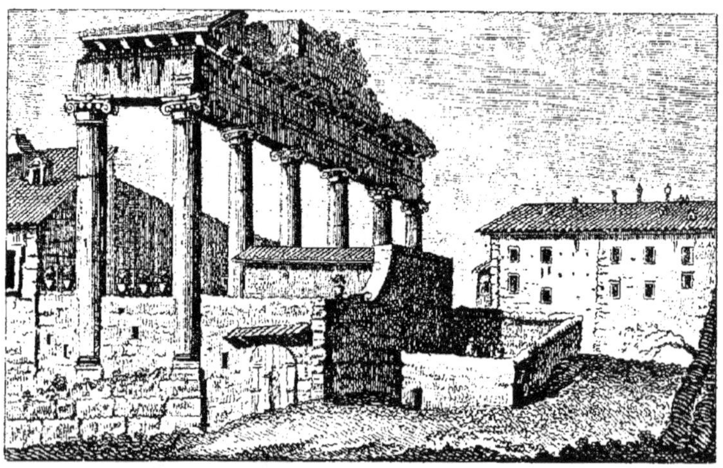

Fig. 20. — Le temple de la Concorde à Rome. — (D'après une ancienne gravure.)

Le temple du *Forum* de Pompéi est un spécimen de temple *hypètre* analogue à ceux des Grecs.

Le temple d'*Adrien* à Cyzèque avait 62 colonnes monolithes de 21 mètres de hauteur, qui étaient les plus grandes qu'il y eût au monde ([1]).

### TEMPLE DU SOLEIL A PALMYRE.

35. — Palmyre, ville célèbre de la Syrie, offrait des temples d'une magnificence exceptionnelle, dont les ruines ont été signalées pour la première fois en 1753 par les voyageurs anglais Dawkins et Wood. On ne voit nulle part une plus grande multitude de colonnes restées

---

1. V. sa restitution, d'après des vestiges, *Antiquaires de France*, p. 890, 14 mars.

debout. Ces colonnes, toutes corinthiennes, s'alignent en rangées à perte de vue, comme les arbres d'une forêt.

Le grand temple de Palmyre (¹) est *pseudo-dyptère*, il semble avoir été construit d'après les règles énoncées par Vitruve. Il est entouré d'un portique de 41 colonnes que rappelle la colonnade du Louvre.

## TEMPLES DE BAALBECK.

36. — Après Palmyre, la plus célèbre des villes romaines ruinées de l'ancien monde, est Baalbeck, située dans la même région. On y conserve les ruines du grand temple du *Soleil*, d'un autre temple non moins grand et d'un troisième, circulaire. Leurs ruines sont les plus belles peut-être qui existent au monde. L'ensemble rappelle l'acropole d'Athènes.

Une acropole, autrefois précédée d'un escalier monumental, s'ouvre à l'Est par un portique, sorte de propylées de 12 colonnes, de 55 mètres de longueur, servant de façade aux autres édifices. Il donne accès dans une vaste cour hexagonale de 60 mètres de diamètre, d'une grande magnificence architecturale. De cette cour on pénètre dans une autre, carrée, beaucoup plus spacieuse et monumentale, de 134 mètres de long sur 113 de large, bordée de portiques. Elle conduit, au fond, au reste du temple du Soleil, entouré de 56 colonnes de 85 pieds de hauteur. Cette colonnade offre 10 colonnes de front, et 18 sur chacune des ailes ; sous ce portique, dessinant un rectangle de 280 pieds sur 157, s'abritait une cella rectangulaire, précédée elle-même d'un autre portique de 20 colonnes sur trois rangs (²). Le tout s'élevait sur un stylobate colossal formé de blocs énormes, cubant jusque 120 m3 et plus, et qui sont sans doute les plus grands que l'humanité ait remués.

Plus au sud s'élevait le *temple de Jupiter*. Le petit temple *rond* est un monument d'une *rare beauté*. Il s'élève à l'écart, au milieu des jardins. Il a 32 pieds de diamètre, non compris les colonnes qui l'entourent.

Le temple d'*Auguste* à Ancyre (Turquie d'Asie), fut élevé l'an 9 de l'ère chrétienne à l'empereur, qui avait enrichi la ville de nombreux monuments. Il porte l'importante inscription qui reproduit le testament d'Auguste, en latin et en grec.

1. V. *Intim. Club*, 1869, IX, 4.
2. V. Restitution de M. Redon. *L'Ami des monuments*, 1894, p. 281.

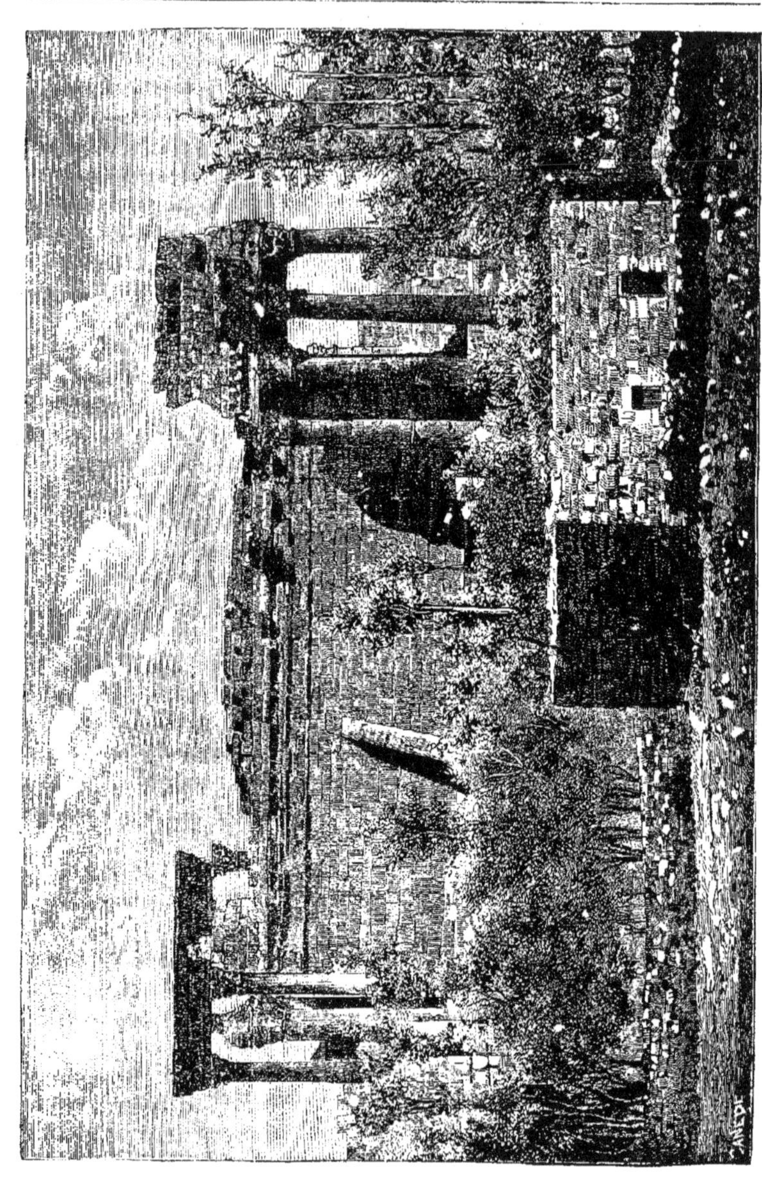

Fig. 21. — Ruines de Baalbeck (Syrie).

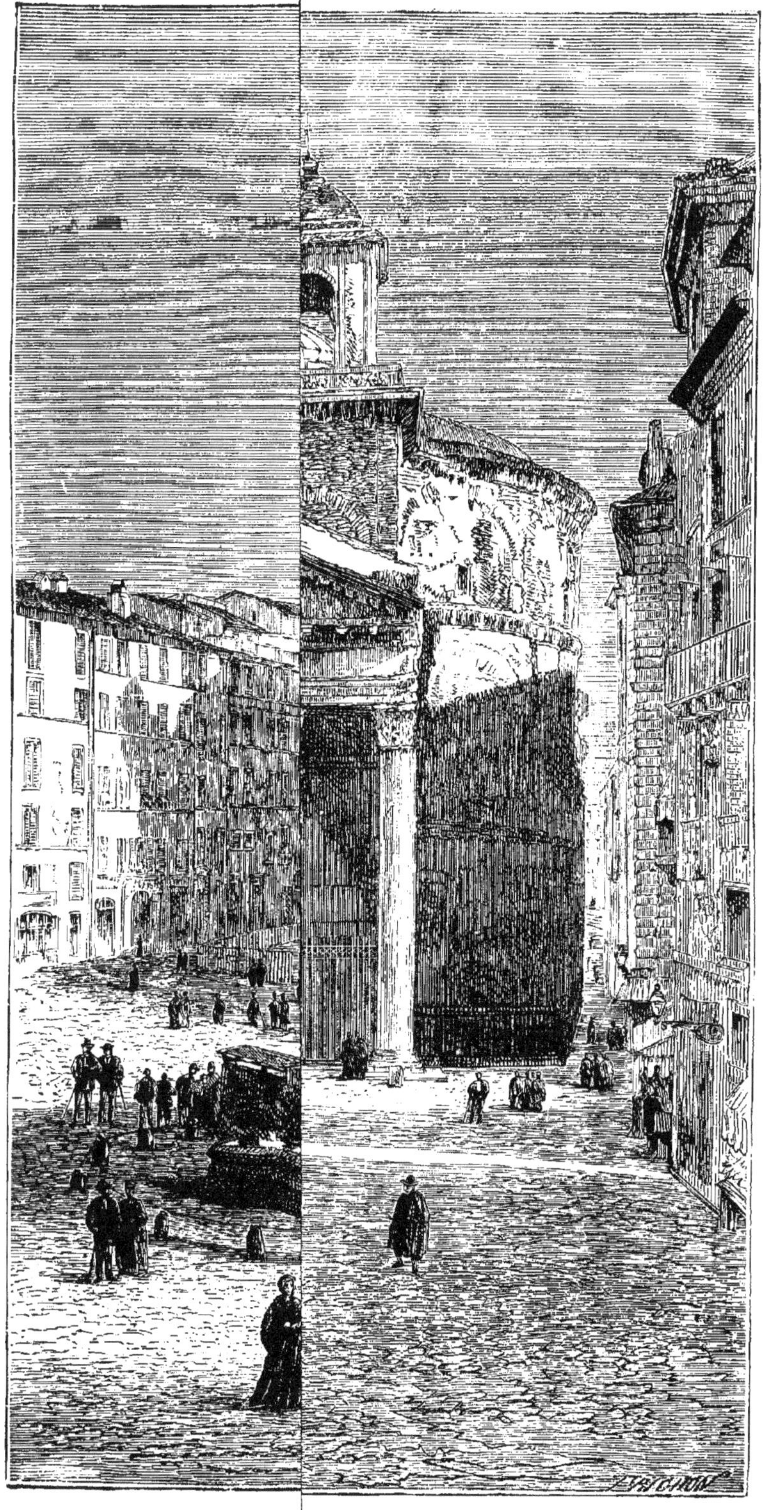

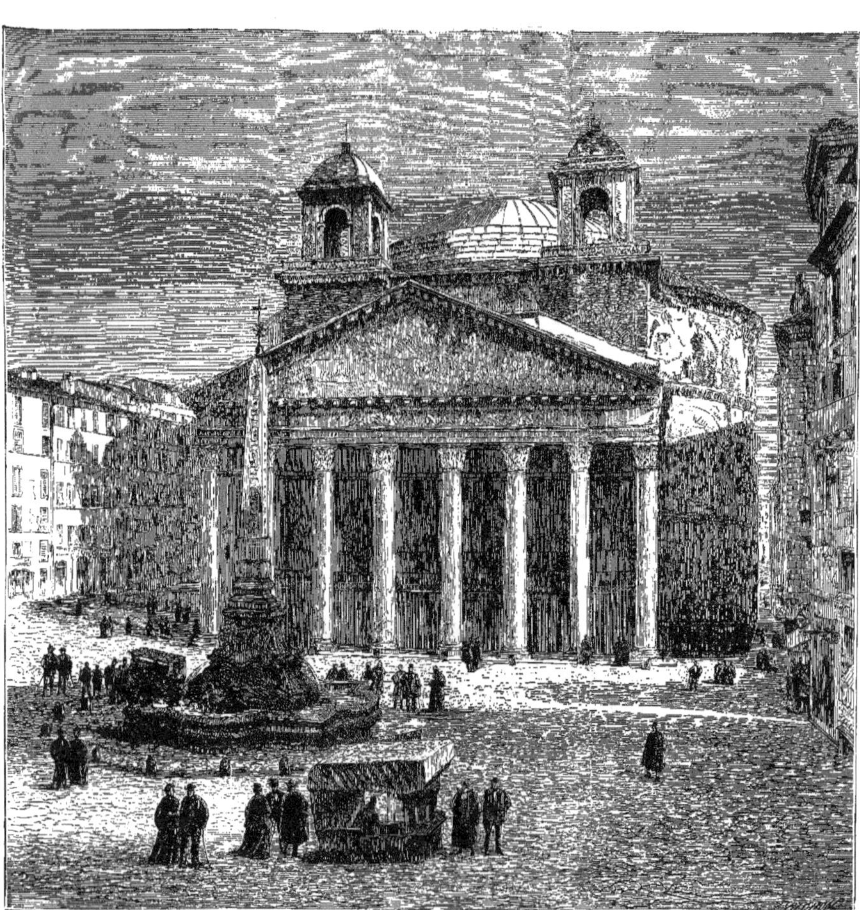

Le Panthéon.

37. — Parmi toutes les formes qui pouvaient s'offrir à la conception des architectes, il en est une qui eut la préférence des Romains, c'est la rotonde. Aucun peuple, dit M. J. Martha ([1]), n'a laissé plus de monuments sur plan circulaire ou demi-circulaire, et, dans ses compositions architecturales, il est rare qu'à défaut de l'ensemble, on ne trouve quelque partie de l'édifice tracée sur ce modèle. Tels sont les amphithéâtres, les temples de Vesta, les mausolées de Cecilia Metella, d'Auguste, d'Adrien, les laconicons des thermes, les absides des basiliques. Le type sans rival est le Panthéon.

Si la forme ronde s'indique d'elle-même pour certaines ordonnances architecturales, dont le type est l'amphithéâtre, il n'en est pas de même pour d'autres, notamment pour les salles couvertes, comme la cella des temples. La forme idéale du temple est le rectangle allongé; si les Romains en sont venus à le tracer sur plan circulaire, ils y ont été amenés par la préoccupation, dominante chez eux, du système de voûtement, et par le parti systématique de la voûte sphérique ou en coupole, qui fut la grande innovation due à leur génie.

## LE PANTHÉON DE ROME ([2]).

38. — On donne le nom de Panthéon à une colossale rotonde, couverte en dôme, et précédée d'un portique, qui s'élève à Rome à côté des ruines des thermes d'Agrippa. Le portique présente sur sa frise une inscription qui nous apprend qu'il a été primitivement construit par Valerius Ostiensis, 24 ans avant JÉSUS-CHRIST, sur l'ordre d'Agrippa, et jusqu'en 1892, l'on a cru que la grande rotonde était contemporaine du portique. Des découvertes faites depuis par M. Chédanne, pensionnaire de l'École française à Rome, il résulte que la rotonde est d'une centaine d'années plus récente et qu'elle est

---

1. *Archéologie étrusque et romaine*, p. 123.
2. V. Fred. Adler, *Das Pantheon zu Rom*, Berlin, 1871, mémoire du Comm. Lanciani. — E. Guillaume, *Le Panthéon d'Agrippa* (*Revue des Deux Mondes*, 1ᵉʳ août 1892). — B. Lanciani, *La controversia sul Pantheon* (mémoire du Comm. Lanciani, dans le *Bull. della Commissione archeologica communal di Roma*, vol. XX, Rome, 1892 in-8°, p. 150).

l'œuvre d'Adrien (elle daterait de l'an 123 après JÉSUS-CHRIST), le César voyageur, qui se souvenait de l'architecture de l'Orient. Il paraît que l'édifice actuel a remplacé le Panthéon primitif dont parle Pline; celui-ci, détruit par le feu, était un temple, probablement rectangulaire en plan, consacré à Jupiter et à tous les dieux, et que précédait le portique encore existant de nos jours. De l'œuvre d'Agrippa, il ne resterait plus que le vestibule et son fronton; ce ne serait pas le portique qui aurait été ajouté à la rotonde, mais la rotonde qui aurait été accolée au portique (¹).

Il résulte en effet des découvertes de M. Chédanne :

1º que les arcs inférieurs du dôme sont reportés par des arcs verticaux sur des colonnes faisant partie de l'ordonnance extérieure.

2º que le Panthéon a été élevé par Adrien et adossé au portique d'Agrippa, au lieu que celui-ci ait été adossé à la rotonde.

3º que la réfection de l'an 123 doit avoir été, en partie du moins, une création.

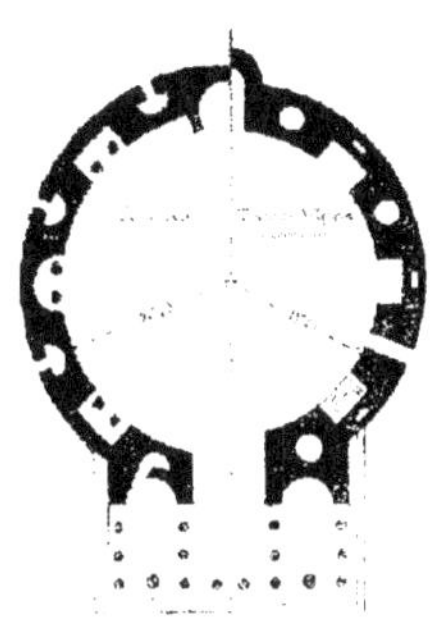

Fig. 22.

Panthéon | Laconicon
d'Agrippa. | de Caracalla.

Pline, écrivant cent ans presque avant le Panthéon actuel, aurait parlé de l'autre temple, lequel a été incendié et remplacé par le Panthéon.

D'un autre côté, l'attribution originelle de cette salle ronde à l'usage d'un temple avait été contestée il y a septante ans. A la suite des travaux de Stefano Piale (1834), que semblèrent confirmer des fouilles exécutées en 1870, on a cru reconnaître dans le Panthéon une immense salle de bains, en d'autres termes, le laconicon des thermes d'Agrippa (²).

En effet cet édifice circulaire n'a aucun des caractères ordinaires des temples. Il est dépourvu de soubassement; on y accède par trois degrés, et l'on redescend ensuite dans l'intérieur; il est adossé aux ruines des thermes, et sa corniche se prolonge sur les murs de ceux-ci. On a enfin découvert des agencements dans la construction extérieure qui paraissent indiquer le dispositif des

1. V. *les communications de M. Geffroy à l'Institut*, avril et mai 1892.

2. V. la dissertation de M. Haussoulier dans l'*Encyclopédie d'architecture, et des T. P. de C. Daly.*, 4 mai 1890.

calorifères destinés à chauffer le *caldarium*. Il est curieux à cet égard de rapprocher le plan de cet édifice, du plan du *laconicon* de Caracalla ([1]), ces deux plans sont juxtaposés dans notre fig. 22.

Quoi qu'il en soit, le Panthéon est le plus magnifique des monuments romains à plan circulaire ; c'est aussi le mieux conservé des édifices de l'ancienne Rome. Son diamètre intérieur est de 43ᵐ50 ; sa coupole a pour intrados une demi-sphère qui, prolongée, viendrait effleurer le sol. Ses murs ont ¹/₈ du diamètre comme épaisseur, soit 5ᵐ40. L'éclairage n'est procuré que par une ouverture ronde de 8ᵐ00 de diamètre, pratiquée à la clef, qui laisse voir le zénith, et projette sur le pavé de granit un large cercle de lumière. L'eau du ciel tombe ainsi au centre de l'édifice, mais les plus violents orages envoient à peine un souffle d'air au niveau du sol à cause de la hauteur où plane cette ouverture.

Les murs sont en maçonnerie mixte et concrète ; noyau en blocage, revêtements en briques, le tout réuni par des parpaings de pierres agrafées ensemble *(opus emplectum)*. Le massif de la rotonde est évidé à l'intérieur par trois niches voûtées en cul de four, par une porte cintrée, et par quatre niches à section rectangulaire alternant avec les petits hémicycles ; les arcs de tête de ces évidements montent

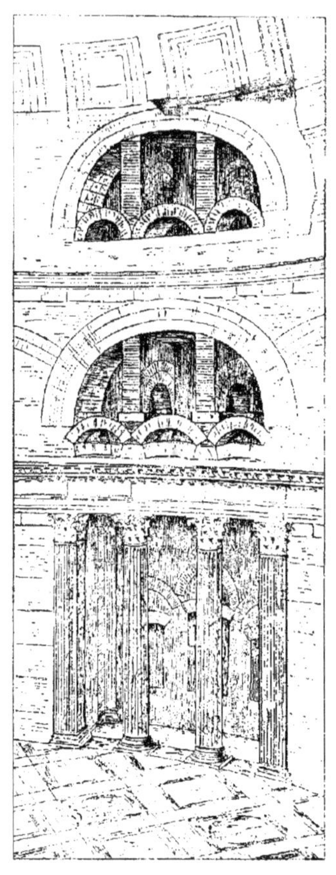

Fig. 23. — Détails de la structure d'après M. Chédanne.

---

1. Dans ce dernier, le chauffage se faisait dans des foyers placés l'un au-dessus l'autre derrière les petites niches. La chaleur se répandait dans le sous-sol de la grande salle et dans des tuyaux ménagés à l'intérieur des murs.

jusqu'au cordon d'où part la coupole ([1]). Extérieurement chacune des huit piles est évidée, et un arc de décharge reporte le poids des maçonneries supérieures sur les côtés des vides. A l'intérieur le poids de la superstructure est rejeté également par des arcs de décharge vers les noyaux, lesquels peuvent être considérés comme seize contreforts rayonnants.

La voûte, décorée de cinq rangées de caissons profonds, évidés dans la concavité intérieure et dessinés par des briques spéciales, offre une structure, que ne laisse pas soupçonner ce décor. Elle est faite d'une ossature de briques noyées dans une maçonnerie de remplissage, que Viollet-le-Duc croyait être en beton, et qui parait être faite, selon M. Chédanne, de briques réglées. L'ossature est formée (v. fig. 24) d'un système d'arcs bandés dans l'épaisseur de la voûte, et disposés en deux rangs ; un pre-

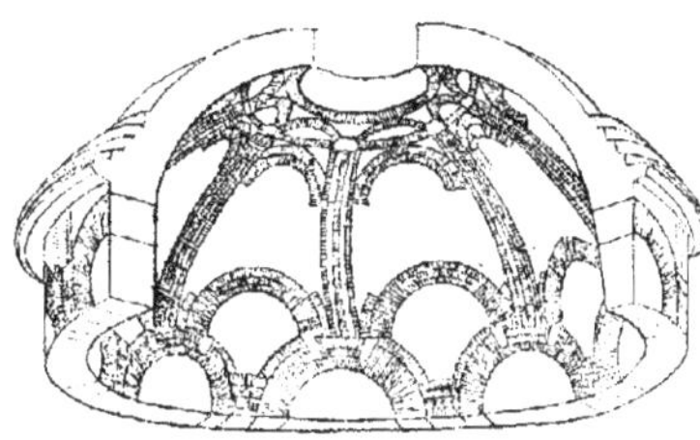
Fig. 24. — Dispositif de l'ossature du dôme.

mier rang prend appui sur le mur, le second se repose sur le premier ; entre ces derniers et sur la clef des premiers pose la base de sortes de piliers, cintrés suivant des méridiens, qui vont supporter la double couronne bordant l'ouverture centrale, contre laquelle poussent en outre des arcs bandés entre les piliers. On a récemment découvert en outre (1892) une série d'arcs verticaux venant au nu intérieur, arcs dont la naissance est au niveau de celle de la coupole, et qui transportent sur les murs les charges de celle-ci (fig. 22). Il semblerait que les colonnes qui font partie du revêtement décoratif au bas de la rotonde entrent dans une certaine mesure dans le système de construction. Cette structure avait déjà été partiellement découverte au siècle dernier par Piranesi, qui, chargé de la restauration de la voûte en 1747, l'a reconnue derrière les stucs des caissons, et l'a fait connaître dans un dessin vulgarisé par Rondelet dans son ouvrage sur l'*Art de bâtir*.

1. V. L. Benouville dans l'*Architecture*, 1893, p. 312. — J. Rondelet, *Étude sur la coupole du Panthéon*, Paris, 1860, 12 pp. 3 pl.

Le grand mérite du constructeur du Panthéon, est d'avoir su élever
une coupole sans précédent comme grandeur, et qui, à l'encontre de
ses rivales plus récentes et même modernes, s'est maintenue jusqu'à

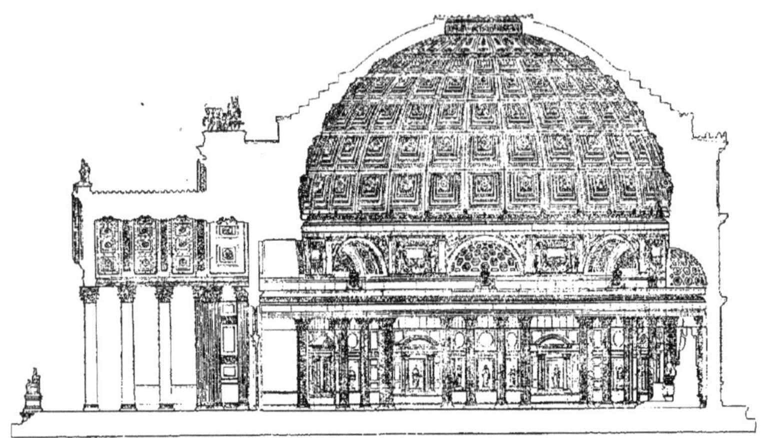

Fig. 25. — Panthéon de Rome, Coupe.

nos jours en parfait état de stabilité, tandis que celle de Saint-Pierre,
par exemple, n'a pas encore à l'heure qu'il est trouvé un équilibre
définitif.

39. — *Décoration.* — L'ordonnance décorative des caissons si
célèbres de cette voûte, trop souvent imitée dans des monuments
modernes, est un simple masque, ainsi que nous l'avons déjà fait
remarquer.

La décoration des murs n'est pas plus heureuse. Elle est disposée
en deux zones. La première, vers le haut, occupe le ⅓ de la hauteur ; elle est formée par la concavité supérieure des huit grandes
niches ornées de caissons, d'archivoltes et de sculptures, et d'au-
tant de panneaux, qui les séparent, flanqués de pilastres portant un
entablement. Les panneaux sont chargés de sculptures. Cette décoration est très riche, mais la lumière, venant de l'ouverture unique
ménagée au sommet de la coupole, tombe d'une grande hauteur,
allonge les ombres des corniches et des chapiteaux, et attriste
l'ensemble par un excès de clair-obscur ([1]).

_______________

1. E. Guillaume.

La zone inférieure, qui occupe les ⅔ de la hauteur du mur, est une colonnade corinthienne portant un entablement et un attique. On ne pourrait guère imaginer décoration plus malheureuse que ce revêtement en marbre blanc, qui dissimule le restant des niches. On a cru longtemps qu'elle avait été ajoutée après coup, quand la salle des bains (si telle a été la destination originelle de l'édifice), fut convertie en temple. Cependant les découvertes de M. Chédanne semblent prouver que la construction et le décor s'ordonnent suivant les mêmes lignes, et que la coupole, comme nous l'avons dit, repose sur de petits arcs ignorés jusqu'alors, reportant les charges au moyen de piliers sur les colonnes du rez-de-chaussée.

40. — *Portique extérieur.* — La portion la plus élégante de cet édifice est son portique extérieur, ajouté par Agrippa, qui y a mis son nom, mais visiblement remanié. Ce portique offre un péristyle *octastyle, corinthien,* divisé sous le plafond par d'autres colonnes en trois nefs de trois travées ; la nef centrale correspond à la porte d'entrée ; au fond des deux autres s'ouvrent des niches. Le portique a actuellement 103 pieds de longueur et 61 de largeur ; ses 16 colonnes sont des monolithes de granit oriental, de 38 pieds de haut. Le comble primitif, dont il n'y a plus trace, se composait de poutres et de solives creuses en bronze. En dessous elles étaient revêtues de grandes tables de métal cintrées et enrichies d'ornements d'argent sur fond d'or ; la couverture était de tuiles en bronze doré. Cette précieuse superstructure fut emportée en l'an 663 par l'empereur Constantin II, pour en orner Constantinople. Malheureusement la flotte chargée de ces dépouilles fut pillée par les Sarrasins ; le tout passa à Alexandrie, et fut perdu depuis.

Deux clochers construits par le Bernin et appelés les *oreilles d'âne* du Bernin, ont longtemps défiguré le Panthéon ; ils ont été démolis en 1883.

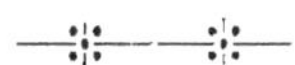

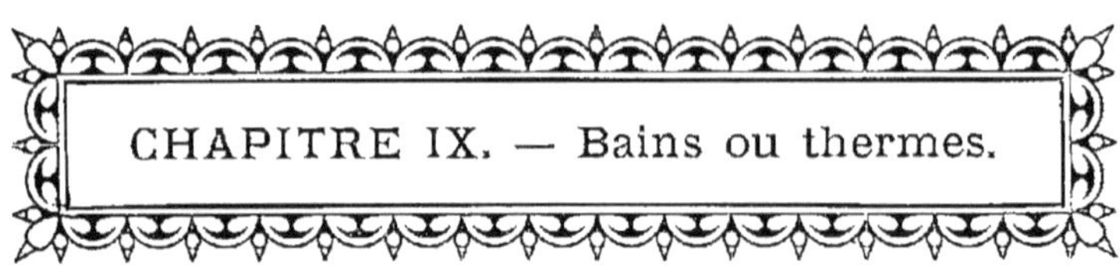

# CHAPITRE IX. — Bains ou thermes.

41. — Par suite du raffinement de leur civilisation, les bains étaient pour les Romains, plébéiens comme patriciens, un besoin journalier. Jusqu'à la fin de la République, on se contenta de simples piscines. Au temps de Pompée, il y avait à Rome des bains publics nommés *thermes*, accompagnés d'étuves, où l'on se promenait pour se sécher et passer doucement à la température de l'air extérieur.

Il y avait déjà à Rome 856 bains, quand Agrippa eut la pensée de construire, sur le modèle des gymnases grecs, des thermes grandioses, et il en fit au peuple romain la concession publique et gratuite. Beaucoup d'autres empereurs, pour flatter la foule, suivirent leur exemple, et firent élever des bains, dont les écrivains de l'antiquité parlent avec admiration. Les plus célèbres parmi ceux de la capitale furent ceux d'Agrippa, de Néron, de Vespasien, d'Antonin, de Caracalla, de Titus, de Dioclétien et de Constantin. Ces établissements peuvent être considérés comme les constructions dans lesquelles les Romains, vainqueurs du monde et enrichis des dépouilles de l'univers, ont déployé le plus de luxe et de magnificence.

Dans les thermes de Caracalla 3000 personnes pouvaient se baigner en même temps ; on y comptait 1600 sièges de porphyre et de marbre ; on y avait entassé les objets précieux et les œuvres d'art ; on y a découvert une multitude de statues, parmi lesquelles plusieurs merveilles de la sculpture antique, telle que l'Hercule et le Taureau Farnèse, le Torse du Belvédère, la Flore de Naples, la Venus Callypige et les deux Gladiateurs, et c'est dans ceux de Titus, qu'on trouva le fameux groupe du Laocoon.

On avait réuni dans les thermes tout ce qui pouvait réjouir les yeux, flatter les sens et récréer l'esprit ; ces opulents palais de la mollesse contenaient tout l'arsenal du plaisir. De tous les édifices, c'étaient ceux pour lesquels on faisait les plus grands sacrifices comme étendue, comme aspect monumental et comme richesse de décoration. Les thermes de Dioclétien, dont le *caldarium* fut transformé en église par Michel-Ange, présentaient des dimensions énormes ; ils avaient été construits en sept années par des milliers de chrétiens condamnés aux mines ; 3200 personnes pouvaient s'y baigner à la fois en particulier, sans se voir. Dioclétien y fit transporter la fameuse bibliothèque Ulpienne. Les thermes étaient des lieux de réunion publique où toutes les classes de la société prenaient leurs distractions.

42. — Les thermes comprenaient des salles de différentes températures, où l'on trouvait jour et nuit des bains froids, tièdes, chauds, ou des bains de vapeur ; des salles pour se sécher ou se parfumer, pour se faire épiler ou masser ; des amphithéâtres, des stades et des gymnases pour tous les exercices du corps ; des bibliothèques publiques et des salles de conférences, de vastes portiques pour les promeneurs, des lieux de conversation, des galeries d'art et des lieux de débauche.

Les bains se prenaient dans de grands et dans de petits bassins en marbre blanc bordés de degrés ou de sièges ([1]).

Voici les principales pièces que renfermaient les bains romains proprement dits :

le *spolatorium*, où l'on se dépouillait de ses habits ;

le *frigidarium*, ou bain froid ;

le *tepidarium*, salle chauffée, entre le bain froid et le bain chaud ;

le *laconicum*, ou *chaldarium*, ou *sudatorium*, ou étuve, où l'on prenait des bains de vapeur, analogues à nos *bains turcs;*

l'*onctuarium*, où l'on se parfumait et s'enduisait le corps de huiles aromatiques, à la sortie du bain.

Tous les besoins sont prévus : larges abords, facilité de la circulation, transitions hygiéniques ménagées entre l'air intérieur et la température du dehors, gymnase, jardins, promenoirs, salles de conversation, rien n'est oublié de ce que demandent le corps et l'esprit d'un homme civilisé.

---

1. V. Quatremère de Quincy, *Diction. d'Architect.* — *Encyclopédie d'Architecture* de Planat, Article : *Architecture*, t. I, p. 296. — *Documents inédits sur les Thermes d'Agrippa, le Panthéon et les Thermes de Dioclétien*, par le baron HENRI DE GEIMULLER, 1 vol. in-4ᵉ. — *Thermes de Dioclétien*, par E. Paulin, gr. in-fᵒ, 25 pl. 1890.

## THERMES DE CARACALLA.

43. — Les bains de Caracalla ([1]), dont on conserve les ruines grandioses, passent pour avoir été le type le plus complet et le plus parfait du genre. Situés au pied du mont Aventin, longeant la voie Appienne, ils ne couvraient pas moins de 12 hectares de terrain.

Les murs de cet édifice étaient faits d'une maçonnerie de blocage avec revêtements en briques ; de larges carreaux de terre cuite formaient, de hauteur en hauteur, des chaînes horizontales, d'un parement à l'autre. Leurs revêtements étaient de marbre blanc.

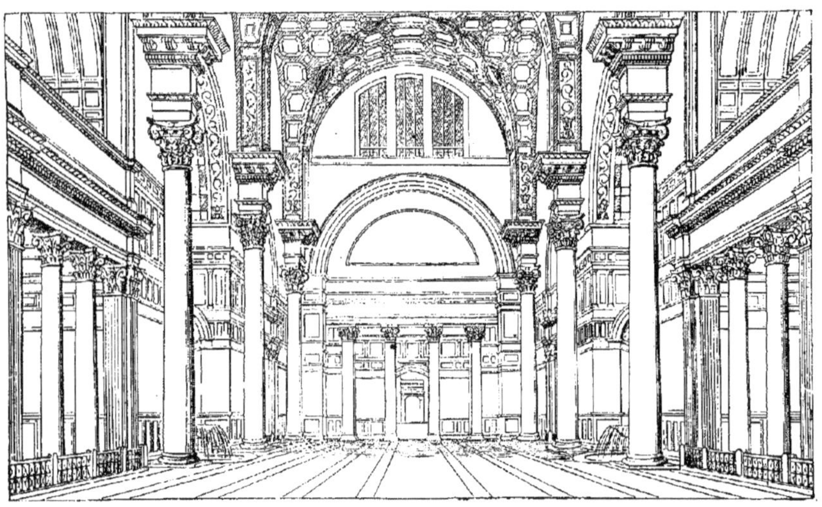

Fig. 26. — Salles des thermes de Caracalla.

Les voûtes étaient, comme en général les voûtes romaines, formées d'une sorte de beton, composé de mortier et de pierre ponce très légère. Les intrados des voûtes étaient décorés de caissons, et les plafonds, d'ornements polychromes.

Voici, selon la restitution d'Abel Blouet, quelle était la disposition générale.

1. V. Abel Blouet, *Les Thermes de Caracalla.*

Une vaste enceinte extérieure était formée de quatre ailes de bâtiments à étage, enfermant une cour à peu près carrée. L'aile de façade, avec deux retours d'équerre, était occupée au rez-de-chaussée et à l'étage par une multitude de cabinets de bains particuliers voûtés en berceau et précédés chacun d'une antichambre ou vestiaire. Le prolongement des ailes latérales offrait des deux côtés un groupe de salles et de portiques pour les conférences et servant d'Académie. Les pièces de l'aile du fond étaient destinées aux jeux ; elles contenaient des palestres, des cabinets destinés aux lutteurs. Au milieu se développait un vaste amphithéâtre pour les fêtes.

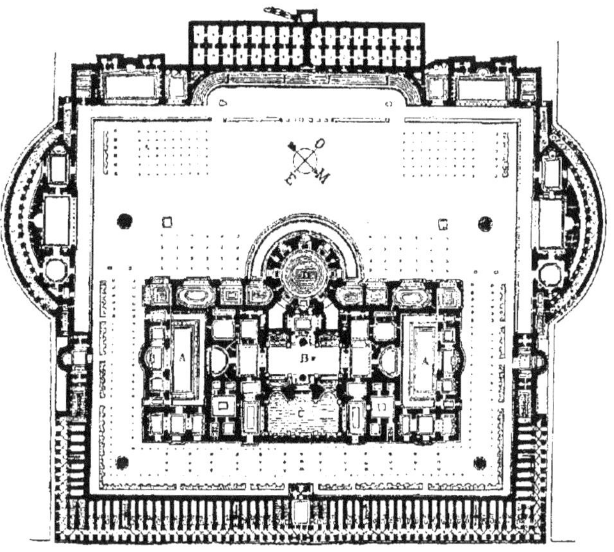

Fig. 27. — Plan des thermes de Caracalla.

A l'intérieur de cette enceinte, à laquelle plusieurs portes donnaient entrée, on apercevait au milieu d'immenses jardins et promenoirs le bâtiment principal, d'une disposition absolument symétrique, les services secondaires étant doublés, et les services principaux, exigeant des salles immenses, réunies au centre. L'ensemble couvre un rectangle de 218 mètres de longueur et de 112 mètres de profondeur.

Les trois grands services occupent l'axe de l'édifice et commandent toute l'ordonnance. Ce sont : — 1° le bain froid ; — 2° le bain tiède ; — 3° le bain chaud avec son vestibule chauffé. Les services accessoires se groupent autour de ces derniers.

Deux entrées latérales s'ouvrent dans la façade antérieure, et accèdent à des péristyles donnant, d'une part, dans la salle où l'on quitte ses vêtements, que des esclaves reçoivent et enferment dans des armoires, d'autre part, dans le *frigidarium*, ou bain froid. C'est un bassin en marbre blanc de 32 mètres sur 27 (C. v. fig. 27). Il est à ciel ouvert, car l'eau froide dans un lieu fermé est malsaine, et d'ailleurs il n'est pas nécessaire de garantir de la pluie des gens qui se baignent dans l'eau froide ; mais il est entouré d'espaces couverts où peuvent se tenir ceux qui ne veulent qu'assister aux exercices de natation.

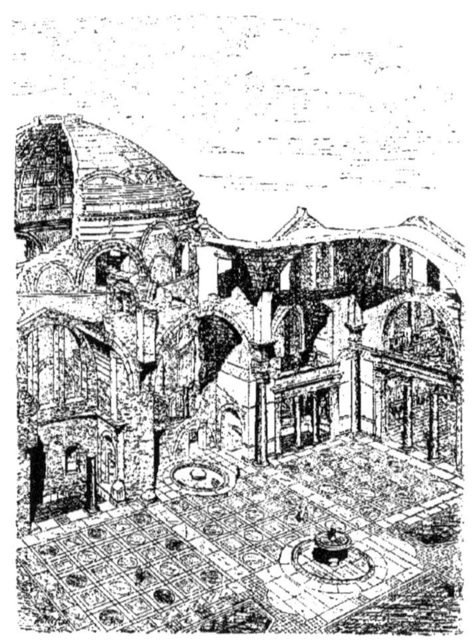

Fig. 28. — Restitution des thermes de Caracalla.
(D'après l'*Ami des monuments*.)

Un escalier central conduit de là au *tepidarium*, salle tiède (B), divisée également en trois sections, l'une, principale, pour les exercices, et les deux autres latérales, pour les assistants. Des bassins relativement petits sont placés dans le renfoncement, et au milieu des sections latérales. Cette salle tiède, chauffée par un hypocauste et ornée avec la plus grande richesse, était voûtée d'arêtes, selon la restitution de Blouet, adoptée par Viollet-le-Duc. Elle était une merveille par la légèreté hardie de sa construction. C'était, selon un auteur latin (¹), le désespoir des architectes, qui soutenaient qu'il était impossible d'en refaire une pareille, et qu'elle ne pouvait avoir été construite de la main des hommes.

Un second *tepidarium*, un vestibule chauffé à une plus haute température, menait dans une immense rotonde nommée *caldarium* ou *laconicon* (D), de 35 mètres de diamètre intérieur ; elle contenait un bassin rond pour les bains chauds et des appareils permettant de la remplir de vapeur, pour prendre des bains de vapeur.

Elle était couverte par une calotte hémisphérique très élevée, percée au zénith d'une large ouverture ronde. Les parois de la salle présentaient des renfoncements en forme de niches, où étaient placés des bassins plus petits, pour ceux qui voulaient prendre leur bain isolément.

Au sortir de ce bain chaud, on passait successivement dans une salle tiède, autre *tepidarium*, dans une salle froide, autre *frigidarium*, puis dans une salle d'exercice (²). Ainsi ceux qui sortaient ne pouvaient rencontrer et gêner ceux qui entraient.

La dernière salle s'ouvrait sur un portique extérieur ou promenoir, et sur une vaste coùr intérieure, où l'on se livrait à l'exercice du corps après le bain (A). Elle était entourée de salles où se donnaient des leçons de gymnastique. Du côté de la façade S. E., à l'angle, était la bibliothèque avec entrée spéciale et vaste vestibule.

La cour postérieure, en terrasse, était plantée d'arbres et contenait environ 1600 sièges de marbre. Au fond s'étendait le xyste, arène pour les jeux de la course, des disques, etc., et derrière, des cabinets pour les préparatifs des lutteurs. Aux côtés du xyste, étaient les *palestres*, et, dans les ailes latérales, de vastes salles réservées aux discussions des académiciens.

Ce qui est admirable dans ce gigantesque édifice, c'est la manière dont l'architecte épaule et soutient ces amas de construction, en maintenant les plus grandes et les plus élevées au moyen des plus petites et des plus basses. Des arcs de décharge en briques noyées dans la construction répartissent les charges sur les points d'appui principaux. Les arcs de tête des voûtes et les nervures sont en bri-

---

1. Spiritian., *in Caracalla*.
2. Ces différentes salles longeaient la façade postérieure (vers le N.-O.)

ques, et reportent les poussées de la grande voûte d'arête sur les culées formées par les petites salles groupées aux angles.

Les pavements sont en mosaïques posées sur une aire isolée, portée sur des quinconces de petites piles de briques, maintenant un espace vide que traversait l'air chaud (hypocauste). Le jour est ménagé dans de grandes baies en demi-lune, divisées par des piliers verticaux en trois ou cinq baies.

## THERMES PRIVÉS.

44. — Les maisons des riches citoyens étaient munies de salles de bains plus ou moins considérables et comprenant dans une mesure plus ou moins réduite les mêmes installations que les bains publics.

Une découverte d'un grand intérêt a été faite en 1893, à côté de Pompei, à Pianella-Setteimini, dans la propriété de M. Vincent de Prosco.

On a mis à jour une maison ensevelie en même temps que la ville. Elle comprend plusieurs vastes pièces et, notamment, trois salles de bain avec des baignoires en marbre sculpté, des appareils de chauffage et des conduites d'eau en plomb garnies de robinets de bronze ; les trois salles correspondent au *calidarium*, au *tepida-rium* et au *frigidarium*, qui étaient de règle dans la maison antique bien ordonnée. C'est l'installation balnéaire la plus complète qui ait été découverte jusqu'à présent.

## ARÈNES, AMPHITHÉATRES.

45. — On nomme *amphithéâtre* ([1]), au sens moderne, un ensemble de sièges étagés de manière que ceux qui les occupent puissent voir par-dessus la tête de leurs voisins d'en face.

Mais le mot latin *amphitheatrum* s'entendait exclusivement d'une arène circulaire ou, plus généralement, elliptique, entourée de gradins sur toute sa périphérie. Nos *cirques* sont l'équivalent, en réduction, des amphithéâtres romains, du moins comme disposition. Seulement, les amphithéâtres étaient réservés, dans l'antiquité, non à de simples jeux de force et d'adresse, mais aux combats

---

1. V. *Annales archéol.* de Didron, XVII, 270 ; XIII, 291.

sanglants des gladiateurs et des belluaires, où l'homicide était offert en régal à une population sanguinaire.

Ce sont les Étrusques qui ont inauguré ce genre d'édifices. Les Grecs ne le connurent pas ; leurs mœurs étaient trop délicates pour se délecter de spectacles féroces.

Les plus anciens ont été creusés dans le sol ou dans le roc. Tel est celui de *Sutri* en Étrurie. Les tombeaux anciens nous montrent la représentation de ces amphithéâtres.

Les Romains firent d'abord des amphithéâtres en charpente. Tacite en décrit un, élevé à Fidènes, qui, mal construit, s'écroula en causant la mort de milliers de spectateurs. On voit encore à Pola, en Illyrie, un vaste amphithéâtre, dont les gradins étaient en bois, et dont l'enceinte est en pierre. C'est l'amphithéâtre de la République. Ce n'est qu'à l'époque impériale, qu'on éleva des amphithéâtres tout en pierre. Les plus remarquables sont le *Colisée*, et les amphithéâtres de Capoue et de Vérone. Celui de Vérone est un des plus beaux et des mieux conservés qui existent ; ses vieilles arcades abritent comme autrefois une foule de marchands. Citons encore ceux de Nîmes, d'Arles, de Syracuse (¹).

Parmi ceux qui ont disparu, est celui de Vienne (France) qui l'emportait beaucoup, selon Juste-Lipse, sur celui de Nîmes.

La forme *elliptique* prévalut en plan sur la forme circulaire. Celle-ci ne pouvait convenir pour de grands spectacles ; elle aurait toujours ramené le spectacle au centre. A cause de la multitude d'acteurs de ces drames sauvages et plus ou moins confus, il importait de les forcer à s'étendre dans un espace oblong, afin que les spectateurs pussent porter les regards sur une ligne étendue.

Nous avons dit que les premiers amphithéâtres étaient en terre. En terrain plat, ils étaient formés de levées de terre offrant un talus intérieur et un talus extérieur. Tel est l'amphithéâtre dont on voit encore des restes à Poestum (²).

Or on comprend que le talus extérieur donne lieu à une étendue considérable de place perdue. Aussi fut-on amené à remplacer ces

1. Arènes, V. *Annales arch.* de Didron, — à Arles, I, 132, 248 ; II, 362 ; VIII, 234, 283 ;   à Bourges, I, 267 ; — à Poitiers, I, 203 ; — à Nîmes, XX, 347 ; XXVII, 406.
2. Viollet-le-Duc, *Entretiens*, t. I, p. 131.

levées de terre par des constructions en maçonnerie, offrant une pente à l'intérieur et une paroi à pic à l'extérieur.

La construction d'un amphithéâtre bâti consiste en une succession de murs de refend, tendant aux foyers de l'ellipse, couverts par des voûtes rampantes suivant les rampes des enmarchements, et portant la gradination. Les murs de refend servent en même temps à maintenir le mur de ceinture.

46. — *Le Colisée* (¹). — Le Colisée, ou *Colosseum*, c.-à-d. l'amphithéâtre de *Flavien* à Rome, est le plus grand et le plus bel amphithéâtre qui ait été construit. Commencé l'an 72 de notre ère par Vespasien, achevé en trois ans, sous Titus, de la main des Juifs amenés captifs de Jérusalem, il coûta la vie à 12000 d'entr'eux, qui y furent employés comme jadis leurs pères l'avaient été aux pyramides d'Égypte. Durant plusieurs siècles, son arène fut arrosée du sang des chrétiens. L'inauguration en fut faite l'an 80 par des réjouissances qui durèrent 100 jours, et dans lesquelles furent immolés 5000 lions, tigres et autres fauves, et plusieurs milliers de créatures humaines.

C'est le plus majestueux vestige du grand et orgueilleux peuple romain. On dirait que Rome, selon l'expression de lord Byron, a voulu y faire un seul monument de tous ses arcs de triomphe.

Les architectes romains, placés en présence d'un programme nouveau et d'une ampleur colossale, y ont satisfait avec une largeur de vues et une habileté de constructeurs vraiment extraordinaire.

Le Colisée a 52 mètres de hauteur. Sa circonférence est de 547 m. Sa forme est ovale. La façade extérieure est décorée de quatre ordres superposés et variés ; les trois premiers sont percés d'arcades, que séparent des colonnes engagées dans le mur ; le quatrième, plus élevé que les autres, est aveugle et offre de simples pilastres corinthiens.

Derrière la façade se développait une ingénieuse combinaison de couloirs, d'escaliers, de galeries, permettant aux nombreux spectateurs l'accès facile de leurs places et assurant la libre circulation dans l'édifice.

---

1. V. La remarquable restitution de Duc.

A l'intérieur, tout au-dessus, régnait une galerie abritant les derniers gradins, supportée par 80 colonnes de marbre portant un
plafond doré. C'est à des mâts fixés au dehors, au mur de fond de

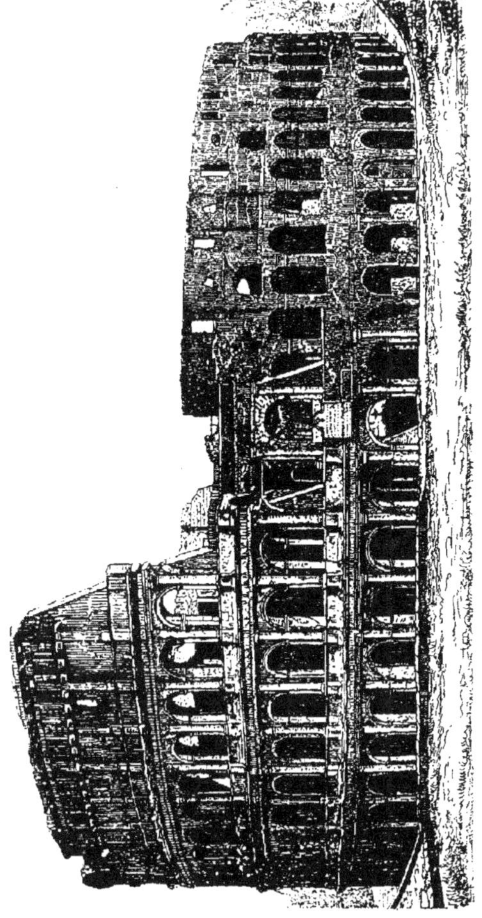

Fig. 29. — Vue extérieure du Colisée. — État actuel.

cette galerie, que s'attachait le *velarium* étendu sur les spectateurs,
haletant d'un cruel plaisir à la vue des combats sanguinaires. Ce
velarium était de couleur pourpre et orné de riches desseins. On le

manœuvrait de la terrasse de la galerie. Il était fait de pièces nombreuses, qu'on pouvait superposer ou déployer comme un éventail.

Le plan est elliptique. Le grand axe mesure 188 m. 50, le petit arc 155 m. 60.

L'arène occupe une ellipse plus petite, de 86 m. 40 de longueur, et de 53 m. de largeur.

Coupe à l'étage supérieur des gradins.　　Coupe au $1^{er}$ étage des gradins.

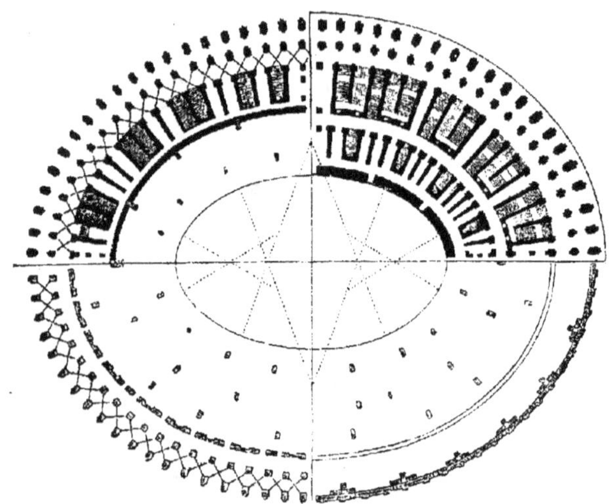

Coupe sur la galerie supérieure.　　Vue du dessus.

Fig. 30. — Colisée.

L'amphithéâtre offrait une cinquantaine de rangées de gradins en pente comme ceux des théâtres, sur un système de galeries étagées, et partagées en trois volées par des murs en parapet.

Le public ne devait pas monter, comme dans les théâtres, à la galerie supérieure, pour se rendre de là aux différentes places. Les très nombreux escaliers ménagés dans les galeries donnaient accès à un très grand nombre de *vomitoires*, placés à divers niveaux des gradins, de façon à réduire le nombre des places perdues à un strict minimum. Quelques mètres seulement d'allée descendante commandaient chaque vomitoire.

Les deux premières zones de gradins offraient des sièges en marbre. Des inscriptions indiquaient les sièges réservés à telle ou telle famille. Tous les sièges portaient un numéro, correspondant à celui d'une enseigne en bronze, dont chaque spectateur était porteur.

Les gradins du *visorium* pouvaient contenir plus de 87,000 spectateurs, et tout l'édifice, 120,000 assistants ([1]).

Les premiers rangs étaient de niveau; ils formaient une banquette nommée *podium*, élevée de 8 m. 00 au-dessus de l'arène. Une grille d'or la protégeait contre les atteintes des bêtes féroces. En outre, un fossé rempli d'eau la séparait de l'arène.

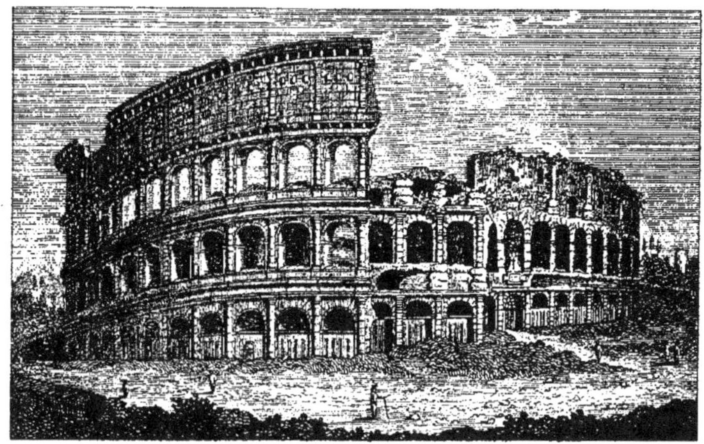

Fig. 31. — Vue extérieure du Colisée. — État au XVII<sup>e</sup> siècle.

On entrait dans l'arène par des portes ménagées à l'extrémité du grand axe. Tout à l'entour s'étendaient de vastes constructions voûtées, dans lesquelles on renfermait les fauves. Elles étaient à deux étages et communiquaient, soit par des plans inclinés, soit par des trappes nombreuses, avec l'arène, soutenues par un plancher.

L'empereur trônait à l'un des bouts de l'arène, sous un dais somptueux. Sur le *podium* siégeaient les consuls, les sénateurs, les ambassadeurs, les magistrats, les vestales. Le peuple occupait les gradins étagés, réparti selon les classes ; d'abord les chevaliers,

<hr>

1. J. Martha, *Arch. étrang. et romaine.*

puis les simples citoyens romains ; plus haut la populace et les esclaves.

Remarquons l'habile disposition de l'édifice, où on ne trouve aucune place perdue. L'espace est utilisé d'une manière parfaite, on a vue de partout. Les flots de spectateurs accèdent de tous côtés par les arceaux du portique inférieur ; ils arrivent à leurs places sans détour, par les vomitoires multiples, et se répandent en un clin d'œil sur les pentes de ce « vallon de granit » formé par les gradins. L'immense multitude peut évacuer la place en peu d'instants ; le monument eût-il été combustible, comme nos théâtres,

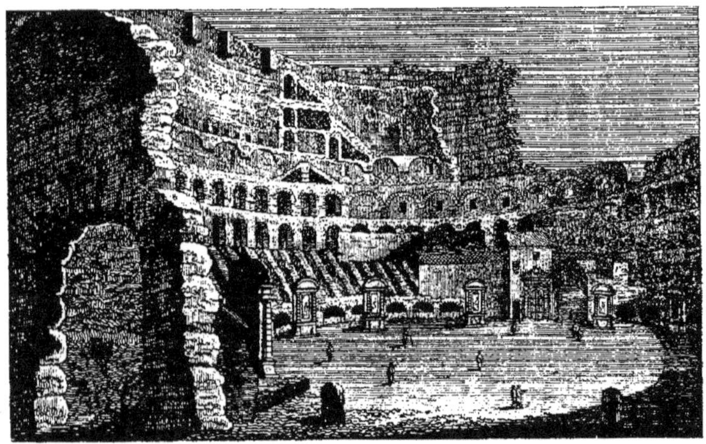

Fig. 32. — Vue intérieure du Colisée.

on n'aurait pas eu à redouter les catastrophes si fréquentes de nos jours.

En cas de forte pluie, les nombreuses galeries peuvent abriter tous les spectateurs. Pendant la journée, ces galeries servent encore d'immenses promenoirs pour les désœuvrés, et abritent des boutiques.

La bâtisse est combinée avec une sévère économie en même temps qu'elle est faite pour durer en quelque sorte éternellement.

Que dire maintenant de l'aspect de l'édifice ? Qu'il exprime et résume le génie du peuple romain, si puissant dans ses œuvres, mais si imparfait dans ses conceptions artistiques.

Copiste des formes grecques, il ajoute ici les colonnes et les entablements comme un décor au-dessus de la construction, et comme une sorte de masque. Le Colisée offre le type le plus remarquable de ce genre de construction, dont l'application devait avoir des conséquences si considérables. Le temps s'est chargé de faire la démonstration de la supercherie inhérente à ce système, en arrachant en partie cette façade postiche ajoutée sur le gros œuvre. Aujourd'hui l'on voit d'une part se développer dans leur sévère ordonnance les quatre étages d'ordres de colonnades qui encadrent les arcades ; de l'autre, il ne reste plus que des murs massifs dépouillés de leurs ornements, et percés par un système complet d'arcades. On peut voir d'une manière saisissante, que, loin de répondre à une nécessité, les colonnades ne faisaient même pas corps avec la maçonnerie, puisque les spoliateurs de l'édifice ont pu les détacher sans ébranler aucunement la masse intérieure.

Les jeux sanglants ont cessé au Colisée au commencement du V<sup>e</sup> siècle. Le monument servit ensuite à plusieurs usages, malheureusement aussi à celui de *carrière ;* jusqu'au XVII<sup>e</sup> siècle, les architectes ne se firent aucun scrupule d'y puiser pour la construction des édifices de Rome ; les matériaux des palais Farnèse, Barberini, etc., en sont sortis. Le pape Clément X le sauva de la ruine en le consacrant aux Saints Martyrs, et y fit exécuter des travaux de consolidation.

47. — *Amphithéâtre de Capoue.* — Le seul remarquable souvenir de l'antique Capoue est l'amphithéâtre, colossal édifice, presqu'aussi vaste que le Colisée même, où étaient prodigués les marbres précieux. La foule y était protégée par un *velarium* de pourpre ; c'est la molle Capoue qui inventa cet usage. L'arène est elliptique. Le total du grand diamètre, de mur en mur extérieur, est de 132 mètres. Extérieurement, quatre étages d'arcades et quatre rangs de colonnes superposées répondent aux rangées de gradins et soutiennent les escaliers, les vomitoires et les portiques. Deux têtes colossales de Diane et de Junon surmontaient les deux arcades principales. Les figures de ces déesses se retrouvent sur des monnaies. Ce cirque est un monument national, élevé au temps

de la richesse et de la liberté, avant Annibal. L'arène, supportée
par des voûtes destinées au service des jeux, était entourée d'un

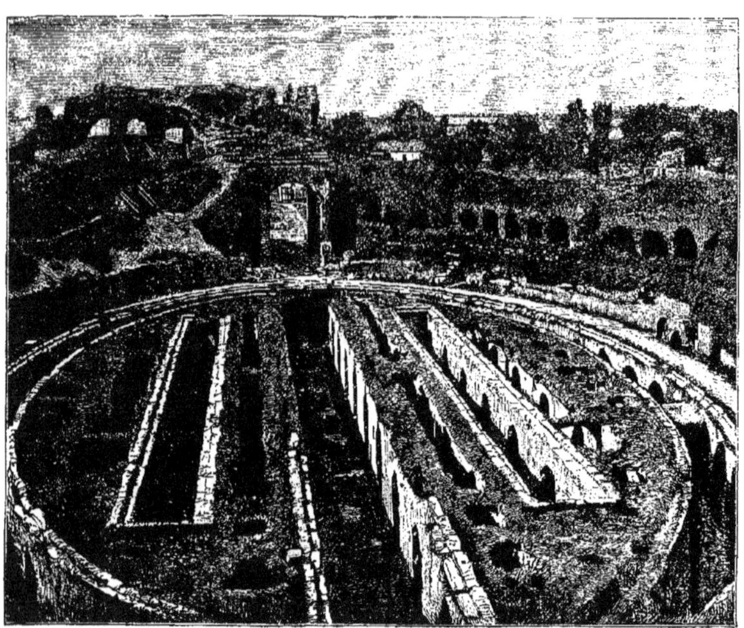

Fig. 33. — Amphithéâtre de Capoue.

mur de plusieurs mètres qui donnait toute sécurité aux émotions
des spectateurs.

48.— *Amphithéâtre de Trèves.* — Les gradins de cet amphithéâtre
n'étaient pas bâtis, comme ceux de Rome, de Vérone, de Capoue,
de Pouzzoles, de Nîmes, d'Arles, de Pola, de Ségovie, en un mot,
comme les gradins de la presque totalité des amphithéâtres romains
qui nous sont connus, sur plusieurs rangs d'arcades superposées et
ornées extérieurement de différents ordres de colonnes et de pilastres ; l'amphithéâtre de Trèves était creusé tout entier dans les
flancs d'une colline. Le grand axe de l'ellipse avait une longueur
de 455 pieds du Rhin, et le petit axe 386 pieds 9 pouces, dont 225
pieds pour le grand axe de l'arène et 156 pieds 9 pouces pour

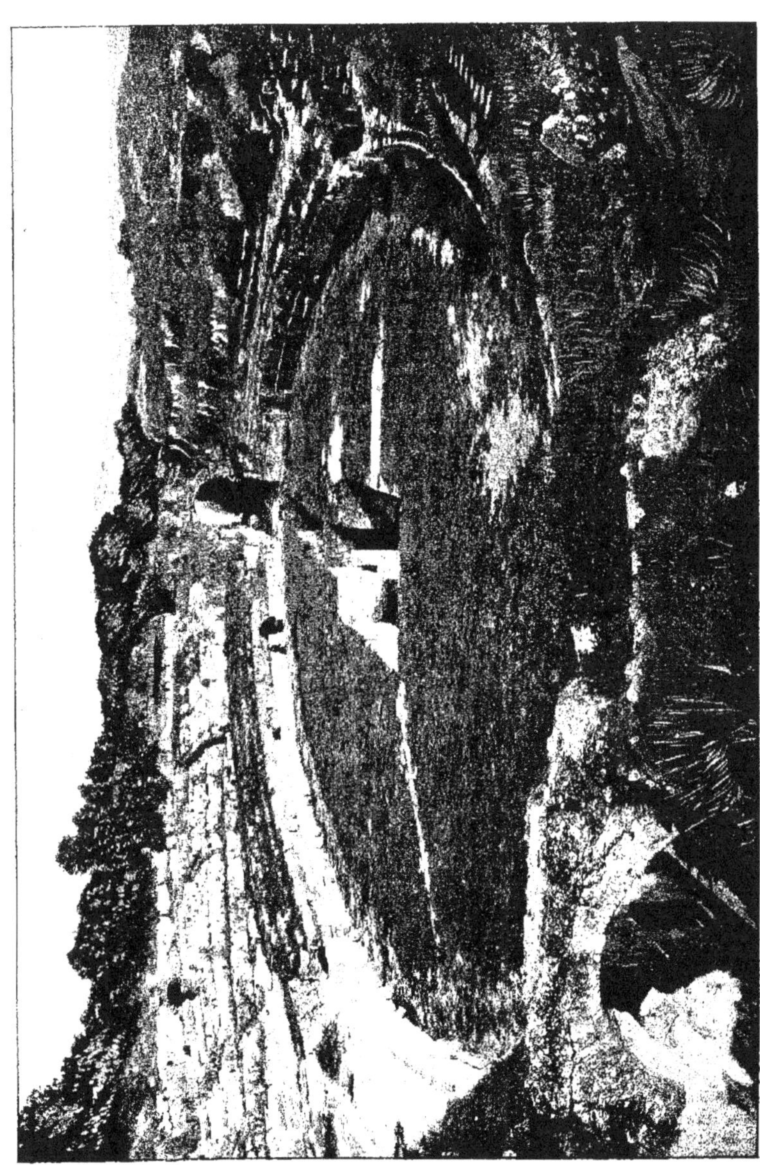

Fig. 34. — Amphithéâtre de Syracuse.

le petit axe. Les gradins pouvaient contenir 57,000 spectateurs, d'après le calcul établi par les Romains eux-mêmes pour le Colisée, dont les gradins, d'une superficie de 160,901 pieds, donnaient place à 87,000 spectateurs.

Les gradins ont aujourd'hui totalement disparu ; ils sont remplacés par des vignes. Cette disparition date probablement en grande partie du XIIIe siècle, lorsque l'archevêque Jean Ier abandonna l'amphithéâtre au couvent de femmes d'Hemmerod.

*Arènes de Lutèce.* — Une découverte importante a eu lieu à Paris de 1870 à 1892. On a mis au jour d'importantes substructions romaines, précisément en la place où l'on savait que des arènes avaient existé et dans ces restes l'on a reconnu à la fois un théâtre et un amphithéâtre ([1]).

1. Charles Normand, *Le premier théâtre parisien et les arènes de Lutèce.*

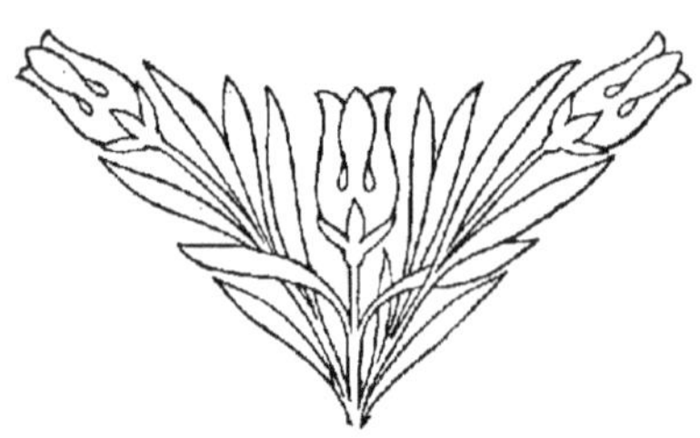

49. — Le théâtre romain diffère peu du théâtre grec. Les Romains renoncèrent à tailler les gradins dans le versant d'un rocher. Ils les soutinrent par des portiques superposés ; on pénétrait aux différents degrés par des escaliers ménagés dans les galeries d'enceinte.

Le théâtre, tracé en fer à cheval, comprenait encore trois parties : la salle des spectateurs ou *cavea*, l'*orchestre* et la *scène*.

L'orchestre avait perdu sa destination primitive, toute religieuse, par la suppression de ces chœurs, évoluant et chantant des hymnes autour d'un autel central. Son emplacement fut utilisé pour des places d'honneur réservées à l'aristocratie, aux sénateurs, aux autorités provinciales, etc.

Les chœurs se rangèrent des deux côtés de la scène.

Les gradins en pierre étaient établis en deux ou trois zones étagées, que divisaient horizontalement des chemins de ronde, formant

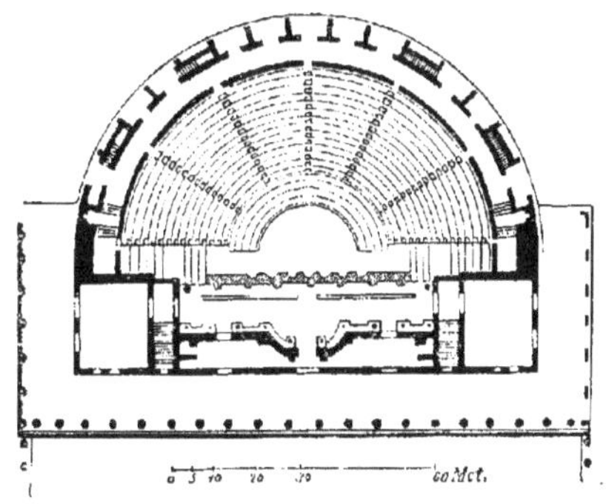

Fig. 35. — Plan du théâtre romain.

des paliers appelés *præcinctiones*. Ils étaient, dans le sens rayonnant, divisés en secteurs, nommés *cunei*. Ils étaient établis sur des plans inclinés soutenus par des portiques et des murs de refend établis dans le sens des rayons et portant des voûtes. On accédait aux places par les chemins de ronde et par les allées convergentes divisant les secteurs.

Chaque gradin avait un pied et demi de hauteur.

A la partie supérieure, au pourtour, s'élevait un portique circulaire, qui servait d'abri en temps de pluie. Un immense *velum* rond, suspendu à un mât central, se manœuvrait de la plateforme du portique, et ses bords se rattachaient à d'autres mâts fixés à son couronnement.

Le premier étage des gradins *(cavea prima)* était réservé aux juges, aux magistrats, aux généraux et aux prêtres. Les femmes, les prolétaires et les esclaves étaient rélégués sous la colonnade, couvrant la plateforme qui couronnait l'étage supérieur *(cavea ultima)*.

L'orchestre occupant le terre-plein séparait la *cavea* de la scène. Chez les Grecs il était destiné aux représentations mimiques, aux danses, etc.; mais dans le théâtre romain, l'orchestre, plus petit, était occupé par les sénateurs et personnages de distinction. La scène, dont le développement embrassait le diamètre de l'orchestre, comprenait le *pulpitum* (scène) et le *proscenium* (fond). La scène était élevée seulement de cinq pieds dans le théâtre romain. L'*hyposcenium*, ou mur d'avant-scène, était enrichi de sculptures. Le *proscenium* était percé d'une porte royale *(regia)* et de deux portes dites des étrangers *(hospitalitia)*.

La scène seule était couverte. Le reste était seulement abrité par des voiles.

Quand c'était possible, on adossait le théâtre à un rocher, de manière à éviter des substructions considérables.

Ces salles immenses pouvaient contenir jusqu'à 40,000 spectateurs. Il fallait, par suite, prendre des dispositions particulières en vue de favoriser l'acoustique et la vue. Les acteurs se paraient de masques visibles de loin, qui étaient de trois sortes : il y avait le masque *tragique*, le masque *satyrique* et le masque *comique*. Ces masques, à bouche très ouverte, étaient munis de lames métalliques destinées à faire retentir la voix. Des niches pratiquées sous les gradins contenaient des vases d'airain, dont l'ouverture était tournée vers la scène, pour renforcer le son.

A l'extérieur, la façade offrait plusieurs étages d'arcades encadrées de pilastres et de colonnes. Ces arcades s'ouvraient sur des galeries, où le public arrivait par de nombreux escaliers ; il pénétrait dans l'enceinte par des *vomitoires*, ou entrées correspondant aux allées rayonnantes.

Le tracé initial était un peu différent de celui des Grecs. On inscrivait, dans le cercle correspondant à la place de l'orchestre, quatre triangles équilatéraux. Le mur d'avant-scène était établi sur le diamètre AB. Le fond de la scène, sur la base du triangle Emn. La scène était limitée latéralement en CD. Les rayons OP,

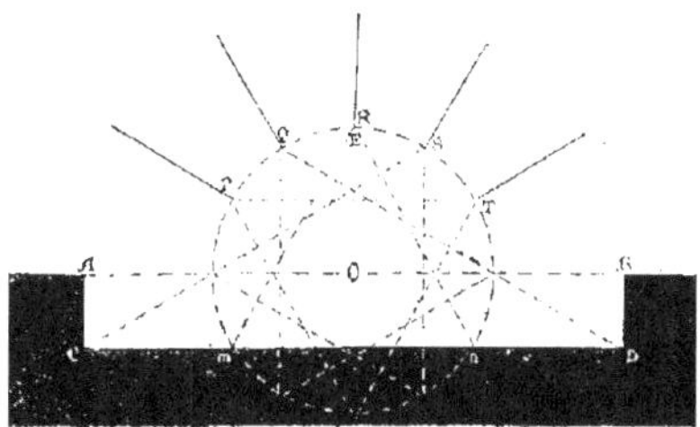

Fig. 36. — Tracé du plan.

OQ, OR, OS, OT, divisaient les gradins. La scène était ici plus large que l'orchestre.

50. — L'Italie entière ne conserve plus un seul théâtre romain ; il n'en est resté qu'un seul au monde, en France, celui d'Orange (département de Vaucluse), remarquablement conservé, et qui est un spécimen unique au monde, actuellement en voie de restauration ; on a pu, en 1891, y exécuter des représentations dramatiques, suivant le mode romain, de même qu'en 1895 on a ressuscité les jeux Olympiques à Athènes : *Œdipe-roi*, de Sophocle, y a été joué par les artistes de la Comédie française. Toutes les constructions de la scène y sont mieux conservées que dans aucun théâtre d'Italie. La porte supérieure des gradins était adossée au rocher qui domine la ville.

Le plus grand des théâtres construits par les Romains était celui de *Marcellus à Rome*. Il avait 366 pieds de diamètre et pouvait contenir jusqu'à 30,000 spectateurs.

Il reste à Bénévent les vestiges d'un théâtre presque comparable à ce dernier par ses dimensions.

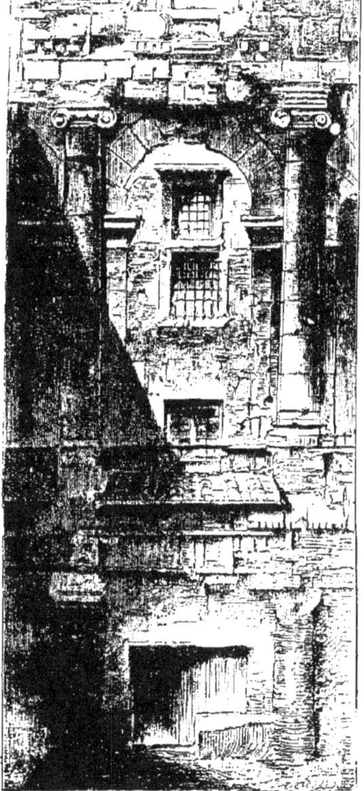

Fig. 37. — Ruines du théâtre de Marcellus, à Rome.

## CIRQUES.

51. — Fort analogues comme construction aux amphithéâtres romains, et rappelant un peu par leur plan nos champs de course, les cirques furent institués, dit-on, par Romulus lui-même. Tarquin fit construire le premier cirque en pierre, qui fut agrandi par César.

Le fameux *Circus Maximus* de Rome, dont les ruines subsistent, atteignait les dimensions colossales de 778 mètres de longueur sur 111 mètres de largeur. Il offrait une longue arène entourée de gradins en fer à cheval allongé. Ceux-ci étaient compris sur les longs côtés entre deux lignes droites parallèles, et décrivaient à l'une des extrémités un demi-cercle au milieu duquel était placée la *porte triomphale* par où sortait le vainqueur. L'autre côté était fermée par l'*oppidum*, où se trouvaient les remises, au nombre de *douze*, munies de *barrières ;* cette partie décrivait un arc de cercle d'un grand rayon légèrement excentrique, de manière à donner à tous les concurrents la même chance d'arriver vite dans l'allée de droite. Le centre de la courbure tombait entre l'allée de droite et la *spina*, sur l'axe de la *piste*.

Cette *spina* était un mur bas, de 1ᵐ50 de hauteur, de 3 à 4 m. de largeur, servant de soubassement à des colonnes, des obélisques, des statues, et régnait le long de l'axe du cirque dans la moitié de sa longueur ; à ses deux extrémités se trouvaient les bornes ou *meta*, qu'il fallait doubler avec les chars. Des images de toutes les divinités qui se mêlaient des jeux étaient élevées sur la *spina*.

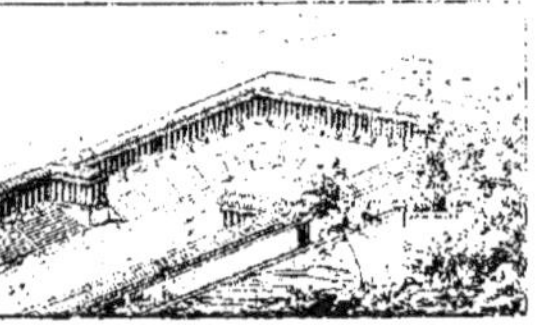

Fig. 38. — Cirque romain.

Une grille séparait les gradins de l'arène, ainsi qu'un *euripe*, canal large et profond de 10 pieds, servant à inonder l'arène pour les jeux des *naumachies*. En temps ordinaire l'arène était jonchée de vermillon, couleur de sang.

Au-dessus des remises de l'*oppidum* régnait une terrasse contenant des places réservées. Sur le côté gauche des gradins, presqu'en face de la première borne, était la *tribune* des juges.

Les chars entraient par deux portes existant entre l'*oppidum* et l'enceinte. Au milieu de l'oppidum était la porte par laquelle on enlevait les conducteurs tués ou blessés.

Les gradins étaient analogues à ceux des amphithéâtres, mais moins nombreux. On y accédait par de nombreuses portes latérales pénétrant jusqu'à des escaliers à double rampe placés dans la banquette extérieure de l'enceinte, et s'élevant aux premiers gradins.

52. — *Cirque de Bavai.* — Ce cirque mesurait 227 mètres de long sur 92 de large, l'arène 180 mètres de long sur 92 de large.

Les murs d'enceinte, construits en blocaille, avec un revêtement de moellons de quatre pouces de diamètre, alternant de distance en distance avec deux rangs de grosses tuiles, subsistent encore en grande partie sur les deux côtés parallèles et un petit côté semi-circulaire qui les reliait ; mais la partie antérieure du cirque a totalement disparu. Ces murs sont flanqués, dans tout leur périmètre, de tours rondes peu saillantes qui, bien que de même appareil, sont évidemment d'une origine postérieure au reste de la construction. Elles y ont été adossées, sans doute, pour renforcer les murs contre la poussée des gradins ; peut-être aussi dans l'intention de faire de ce cirque un ouvrage de défense.

ARCS DE TRIOMPHE.

53. — C'est aux Romains que l'on doit les premières constructions de ce genre, et la conception même de cette forme monumentale. Dans les premiers siècles de la République, pour honorer le général vainqueur, les Romains érigeaient sur son passage un portique en bois, garni de fleurs, orné de peintures et de trophées, sur lequel se tenaient des musiciens et du haut duquel descendait une Victoire ailée, qui posait une couronne sur la tête du triomphateur.

Pour le peuple romain, dans sa grandeur réelle et son orgueil immense, le monde n'était qu'un vaste théâtre ; il en vint naturellement à faire d'un décor éphémère, d'une fausse porte élevée au lendemain de la victoire, un monument séculaire. Les arcs de triomphe sont un produit logique de leur civilisation et en portent l'empreinte dans leur allure superbe et théâtrale.

La littérature classique, l'art renouvelé de l'antique et l'esprit militaire des temps de Louis XIV et du premier empire ont remis en honneur ces monuments fastueux. Les Césars modernes nous ont doté de nouveaux arcs de triomphe. Les portes de Saint-Denis et de Saint-Martin à Paris sont des arcs de triomphe élevés en l'honneur de Louis XIV. Les arcs du Carrousel et de l'Étoile ont été élevés aux victoires des armées françaises et du premier Empire. Le premier imite l'arc de Titus, et le second, l'arc de Constantin. Les habitants de New-York viennent d'élever un monument de ce genre pour perpétuer le souvenir du centenaire de la première présidence des États-Unis, et la Belgique, qui n'avait pas

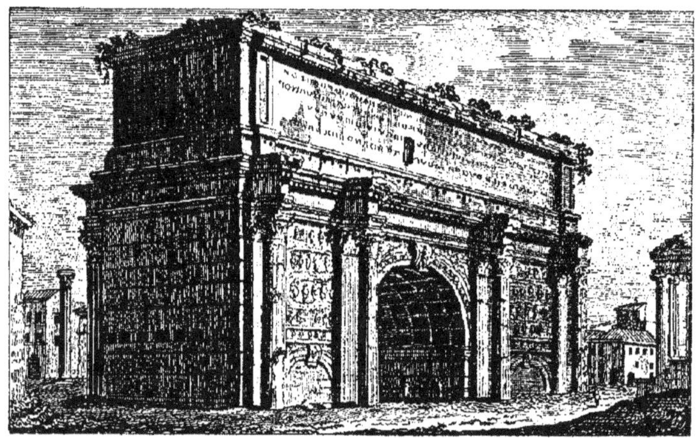

Fig. 39. — Arc de Septime Sévère.

à élever d'arc triomphal, n'étant pas un peuple de conquérants, a tenu à avoir au moins son *Arc du Cinquantenaire.*

Au surplus les arcs de triomphe offrent un nouvel exemple de l'application faite par les Romains du système grec des *ordres* à leurs constructions voûtées, à l'instar de ce que nous avons fait voir déjà plus haut.

L'ensemble du monument et sa construction interne offrent une puissante maçonnerie carrée, percée d'une ou de trois arches voûtées, un système maçonné complet, qui tient tout seul et ne demande aucun soutien ni aucun supplément de structure : ornez les arêtes de moulures appropriées à l'appareil ; couvrez, si vous le voulez, les surfaces de sculptures, et vous aurez une œuvre complète et bien venue, riche et monumentale.

Mais que font les Romains et leurs imitateurs? Sur cette maçonnerie appareillée en voûtes, ils appliquent un système de supports verticaux, de colonnes soutenant une plate-bande horizontale (l'entablement), au-dessus de laquelle règne l'attique. Ces arcades accusant la construction voûtée, ils les encadrent dans une colonnade qui indique un système tout opposé de construction. Ils met-

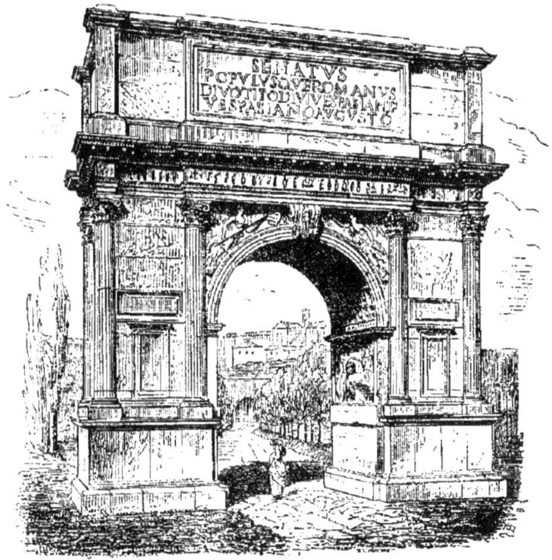


Fig. 40. — Arc de Titus.

tent ainsi le décor en opposition avec la structure. Voilà un trait qui différencie les monuments romains des monuments grecs et des monuments chrétiens. Dans ceux-ci, au contraire, comme nous le verrons plus tard, partout reluit une logique consciencieuse, une analyse scrupuleuse du rôle des membres d'architecture, un soin constant de mettre leur forme expressive en harmonie avec leur fonction, en un mot, un amour religieux de la vérité, de l'expression juste, de la bonne mesure, d'une sincérité, d'une simplicité, qui ne font qu'augmenter la grandeur de l'effet et le charme des formes, désormais mieux comprises.

54. — On rencontre deux types d'arcs de triomphe. Les uns ont une seule et vaste arcade ; d'autres en offrent trois, celle du milieu étant la plus grande.

Les pieds droits des arcades sont ornés de colonnes parfois engagées, plus souvent dégagées ; elles servent de support à des statues dans les arcs de Constantin et de Septime Sévère.

L'entablement est surmonté d'un attique ayant près du tiers

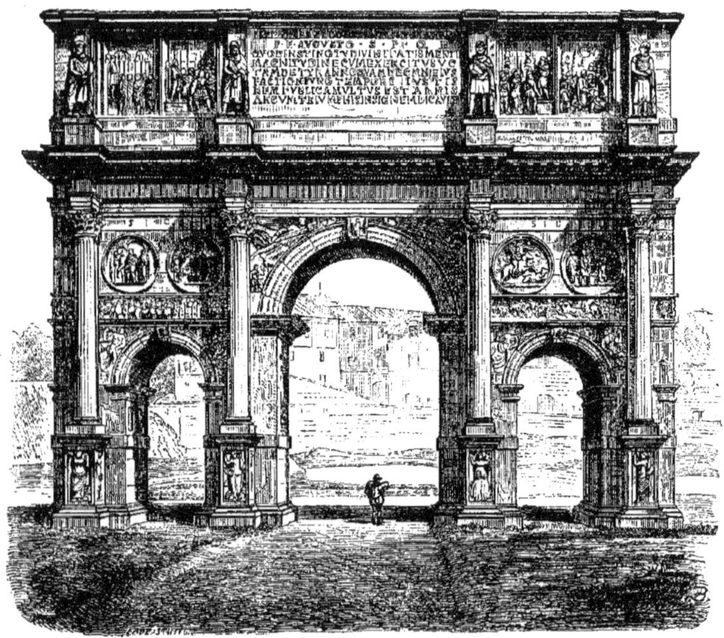

Fig. 41. — Arc de Constantin.

de la hauteur totale, et portant l'inscription dédicatoire. Au-dessus de cet attique était un groupe sculpté représentant d'habitude le triomphateur sur son char. Les tympans sont ornés de Renommées et les panneaux latéraux, de bas-reliefs ayant rapport aux victoires remportées.

Des arcs de triomphe ont été élevés exceptionnellement pour d'autres faits que des exploits guerriers. Celui de Rimini a été édifié par Auguste en mémoire du rétablissement de la voie Flavienne ; celui de Trajan à Rome, en l'honneur du rétablissement de la voie Appienne.

55. — *Arc de Titus* ([1]). Ce monument (v. fig. 40), dont l'arche unique et majestueuse est encadrée d'une quadruple colonnade composite, rappelle la conquête de la Judée par les Romains, la destruction de Jérusalem et de son temple, la mise en captivité des Juifs ; ces événements sont figurés dans ses admirables bas-reliefs.

La Victoire couronne de lauriers l'empereur triomphant traîné dans un quadrige que mène une matrone représentant Rome elle-même. La conquête de la Judée est figurée par le Jourdain personnifié, porté sur un brancard. On voit dans le cortège le fameux chandelier à sept branches du Temple, les trompettes d'airain, les vases sacrés, les tables d'or, les pains de proposition, et les Hébreux captifs, survivants d'un peuple presqu'exterminé, mais qui a la vie dure, comme il l'a prouvé depuis. On prétend qu'aujourd'hui encore les Israélites évitent de passer sous le monument qui perpétue le souvenir de la défaite et du châtiment de la nation déicide.

Transformé en forteresse au moyen âge, et couronné de créneaux par les Frangipani, l'arc de Titus a été restauré par Pie VII.

Cet arc se distingue « par l'élégante simplicité et la grandeur imposante d'un art qui se possède » ([2]), tandis que celui de Septime Sévère a pour caractère un luxe excessif, une prodigalité d'ornements, qui confond le faste avec le luxe.

56. — *Arc de Constantin*. Cet arc de triomphe (v. fig. 41) est de beaucoup le plus important; il a 65 pieds de haut, et offre trois arches.

Est-ce l'arc de Trajan, dédié plus tard à Constantin, ou bien le premier a-t-il été entièrement démoli, pour construire avec ses matériaux celui qui subsiste aujourd'hui ? voilà belle matière à dissertations pour les archéologues.

Les bas-reliefs et les statues qui ornent les façades n'offrent pas d'unité dans leurs sujets, ni dans leur caractère artistique. Les plus anciens, consacrés aux gloires de Trajan, sont d'un goût très dis-

---

1. *Moniteur des architectes*, année 1875.
2. Selon l'expression de M. G. Kurth.

tingué ; dans ceux qui sont contemporains de Constantin, on reconnaît les signes de la décadence de l'art. Sous la voussure de la grande arche on remarque l'empereur Constantin et Maxence.

Cet arc est le mieux conservé de ceux qui subsistent en Italie ; il a été restauré par les soins des papes Clément XII et Pie VII. Il caractérise la décadence de l'art romain.

57. — *Arc de Septime-Sévère.* — Cet arc est un beau monument en marbre blanc, bien conservé, presqu'aussi grand que celui de Constantin. Il fut construit en l'an 205 à l'occasion des victoires remportées sur les Arabes et sur les Parthes. Il a trois arches et sous celle du milieu passe la voie sacrée. Ses bas-reliefs sont médiocres.

*Arc de Trajan, à Bénévent.* — Cet arc appartient au même type que le précédent ; il offre une seule arche encadrée dans un quadruple portique composite. C'est un des restes les plus remarquables de l'antiquité pour la sculpture comme pour l'architecture. Les bas-reliefs de la frise et des entre-colonnements font allusion aux faits glorieux du règne de l'empereur. L'attique est en grande partie occupé par la dédicace.

58. — Citons encore l'arc de Gallien à Rome, l'arc de Trajan à Ancône, ceux d'Auguste à Pola et à Rimini, celui-ci le plus ancien de tous ; celui de Caracalla à Telessa.

Le plus beau qu'il y ait en France est celui d'Orange, à trois arcades ; puis viennent ceux de Saint-Remi, de Carpentras, de Cavaillon et de Reims. On peut citer ici la porte de St-André d'Autun, la porte de France à Nîmes, l'arc de Saintes.

## COLONNES MONUMENTALES.

59. — La plus célèbre des colonnes honorifiques est celle de Trajan ([1]) qui est encore presque intacte. Elle fut élevée dans le premier siècle de notre ère, comme un trophée pour rappeler les victoires de cet empereur et marquer par sa hauteur la profondeur de la tranchée qu'il dut creuser au flanc du mont Quirinal pour établir le Forum.

---

1. V. Ch. Chipiez, *Dict. des antiquités grecques et romaines* de Daremberg et Saglios, art. *Columna*, t. I, p. 132.

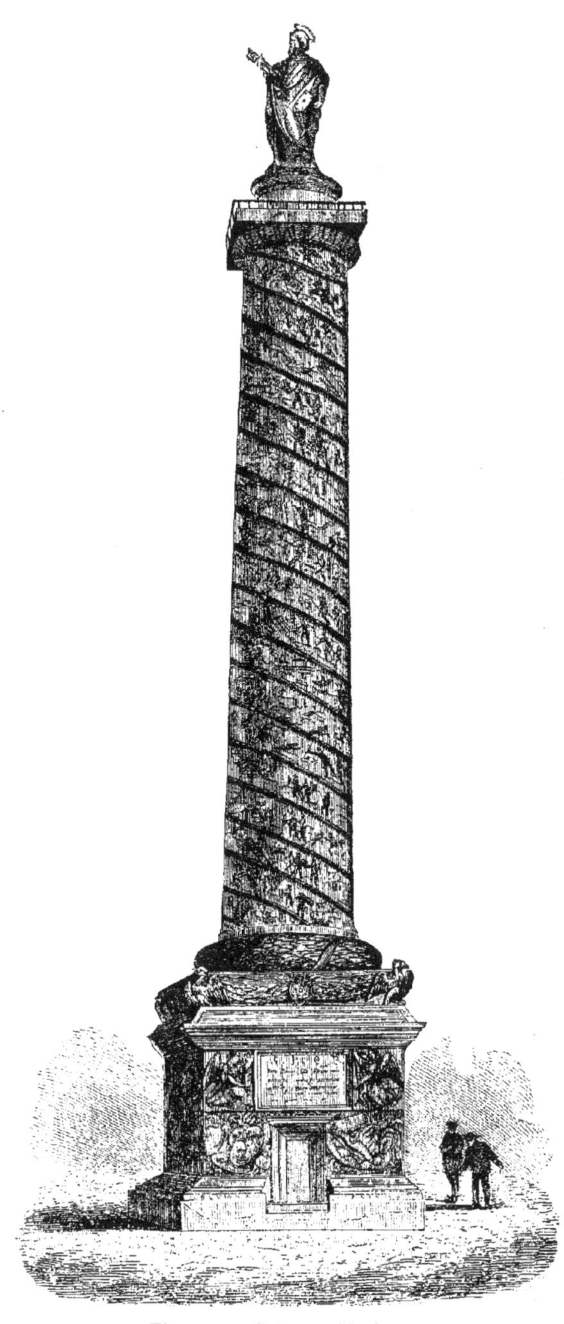

Fig. 42. — Colonne Trajane.

Faite de beau marbre blanc, elle est d'ordre toscan, et décorée de bas en haut d'une zone ininterrompue de bas-reliefs enlaçant son fût en spirale, et figurant un cortège triomphal, dont les personnages ont 33 centimètres de haut. Ces sculptures, qui se détachaient primitivement sur un fond d'or, sont très remarquables. La statue de saint Pierre, remplaçant celle de Trajan qui a été brisée, couronne le monument, entourée d'un balcon carré porté sur le chapi-

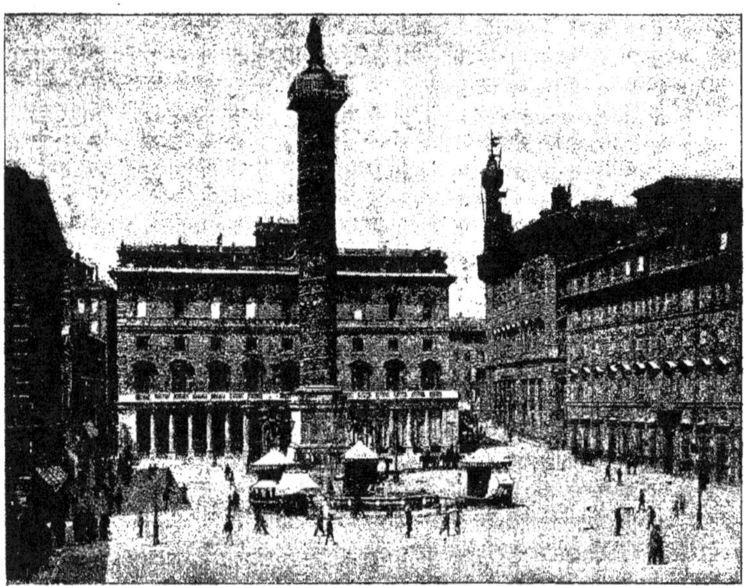

Fig. 43. — Colonne Antonine.

teau. La composition de cette colonne est attribuée à l'architecte Apollidore, de Damas ; c'est le chef-d'œuvre de l'art romain.

« La colonne Trajane, dit Viollet-le-Duc ([1]), prouve que, quand le Romain veut être artiste, à son heure et à sa manière, il n'est pas facile de l'égaler. Il y a dans cette façon d'écrire l'histoire d'une conquête sur une spirale de marbre, terminée par la statue du conquérant, quelque chose d'étranger à l'esprit grec. Les Athé-

1. *Entretiens*, p. 117.

niens étaient trop envieux pour rendre un honneur pareil à un homme, et ils n'avaient pas ces idées d'ordre en politique, qui se traduisent d'une manière si puissante dans la colonne du forum de Trajan. » Cette spirale de marbre, jaillissant des ruines d'un temple païen, porte aujourd'hui la statue de bronze de saint Pierre. C'est à présent, dit M. Melchior de Vogüé, « l'univers vaincu portant aux nues le plus humble de ses enfants ». Sa hauteur totale est de 43$^m$oo. Les tambours, pris chacun dans un seul bloc, sont creux et contiennent l'escalier. La base pose sur un piédestal quadran-gulaire orné de bas-reliefs et de festons de laurier.

Sur la Place de la Colonne se dresse une fidèle replique de la colonne Trajane, érigée en l'honneur de Marc-Aurèle Antonin et nommée colonne *Antonine.*

Les *colonnes de Constantin* à Constantinople ont ceci de remar-quable, que les joints des tronçons qui composent le fût sont masqués par des couronnes de lauriers. Les chapiteaux corinthiens sont de bronze. Citons encore la colonne de la place Sainte-Marie-Majeure, à Rome, qui provient de la basilique de Constantin et la colonne de Pompée à Alexandrie ([1]).

## TOMBEAUX.

60. — *Emplacement.* Les Romains élevèrent généralement leurs tombeaux aux abords des villes, le long des grandes voies publiques. A Rome même, la voie Appienne longeait une multitude de tom-beaux somptueux, formant une vaste nécropole, qui, de loin, semblait avoir l'importance de Rome même. On y voit encore le tombeau des Scipions, retrouvé en 1780, celui des affranchis d'Oc-tavie, trois colombaires, le monument de Cecilia Métella que nous décrirons plus loin, etc.

La même disposition s'est rencontrée à Pompei. On a trouvé les tombeaux rangés au bord d'une longue et large rue. (V. fig. 44.)

1. *Magasin pitt.*, 1834, p. 337. — Bartoli, B. *Colonna Trajana eretta dal senato e populo Romano. Scolpita con l'historie de la Guerra Dacica la prima e la seconda expeditione contro il re Decebalo.* Rome, 1670. — Percier, *La colonne Trajane —* (Recueil : *Restauration des monuments antiques par le pensionnaire de l'Académie de France*, à Rome, 13 pl.).

**61. — *Formes*.** Les tombeaux romains sont inspirés de ceux des

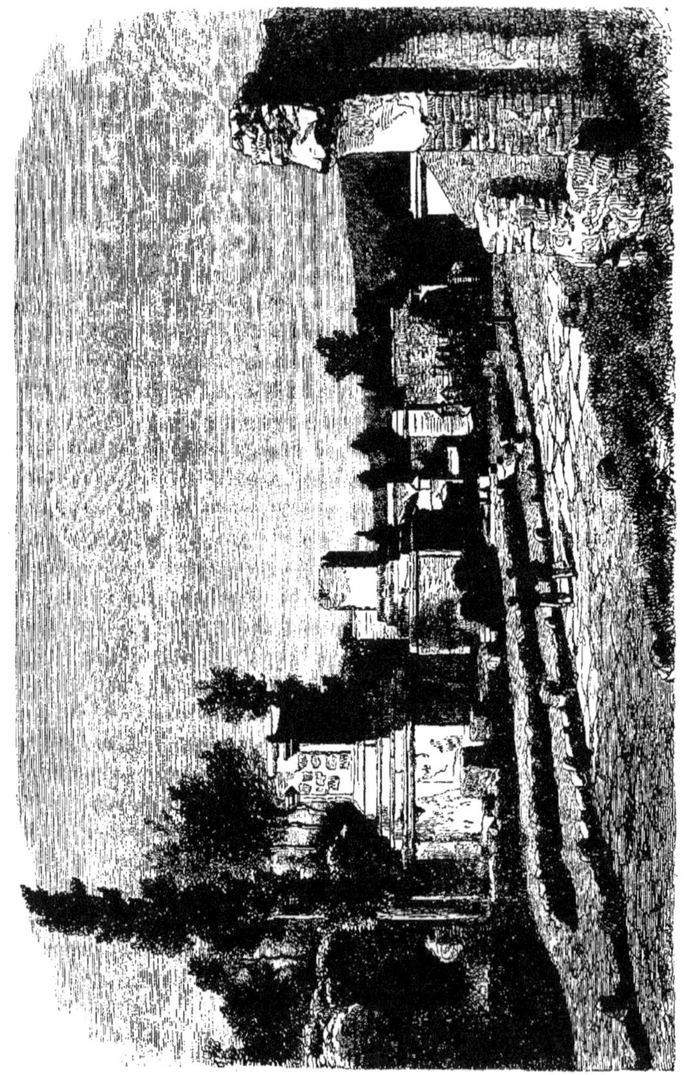

Fig. 44. — Pompéi. — La voie des tombeaux.

Étrusques et des Grecs. On y trouve une grande diversité de formes;

à l'origine, ils reproduisent les dispositions des tombeaux étrusques : tel le tombeau dit des Horaces et des Curiaces, qui rappelle celui de Porsenna.

La forme du *tumulus* paraît être la plus ancienne avec celle de l'*hypogée*, deux formes que nous avons déjà signalées comme dominant chez les Étrusques. On retrouve la première dans le tombeau d'*Auguste*, et la seconde dans ceux des *Scipions*.

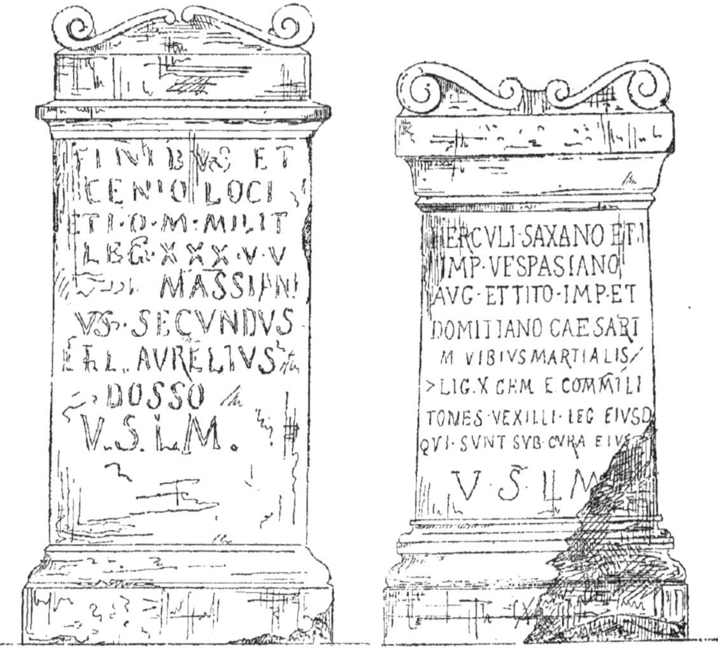


Fig. 45. — Cippes funéraires.

Les tombeaux les plus ordinaires étaient, comme chez les Grecs, des *cippes* en pierre plus ou moins considérables, plus ou moins ornés, de forme ordinairement quadrangulaire et portant sur la face principale l'inscription qui rappelait les noms, âge, titre et filiations du défunt. (V. fig. 45-46.) Quelquefois cette sorte de pilier était surmonté d'un ornement à forme de palmette et prenait le nom de *stèle*.

Des monuments plus importants, mais encore massifs, affectaient
la forme de *pyramides* : on en conserve de fort remarquables spécimens à Rome dans le tombeau de Caïus et Cestius et dans la pyramide de Pène en France (Bouches-du-Rhône) ; — ou de colonnes
isolées assises sur un soubassement, comme dans le tombeau romain
de Sarméda (IIe S.) ; — ou encore d'une *pile* conique, tel, celui des
Horaces et de Curiaces, etc...

Dans un genre plus somptueux on rencontre des tombeaux
pareils à des temples grecs en miniature, comme les deux tombeaux

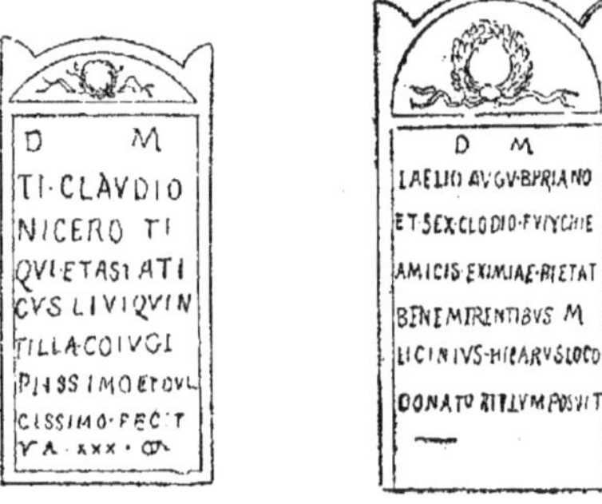


Fig. 46. — Cippes funéraires.

représentés par les gravures ci-derrière. (Fig. 47.) Il y avait des
monuments en forme d'édicules, tels que le gracieux monument
de Saint-Remy (Bouches-du-Rhône), offrant sur un stylobate massif
un étage quadrangulaire, ouvert par quatre arcades, lequel porte
une jolie lanterne, formée d'un toit conique sur une colonnade
circulaire. (V. fig. 51.)

D'autres affectent la forme du mausolée grec, et offrent, comme
le monument d'Hydra, une sorte de temple exhaussé sur un soubassement très élevé. (V. fig. 50.) Près de Vienne en Dauphiné se voit
un mausolée analogue : dans un soubassement quadrangulaire,
couronné d'un entablement que portent quatre colonnes engagées
aux angles, s'ouvraient quatre arcades, qui laissaient voir une
statue au centre. Une voûte construite sur cette partie à jour,
haute de 7 m., s'élève en pyramide de 15 mètres de hauteur. Un
monument analogue se voit à Aix, en Provence.

62. — *Sépultures monumentales.* — Ce qui reste du *tombeau d'Auguste*, et une description de Strabon permettent de restituer comme

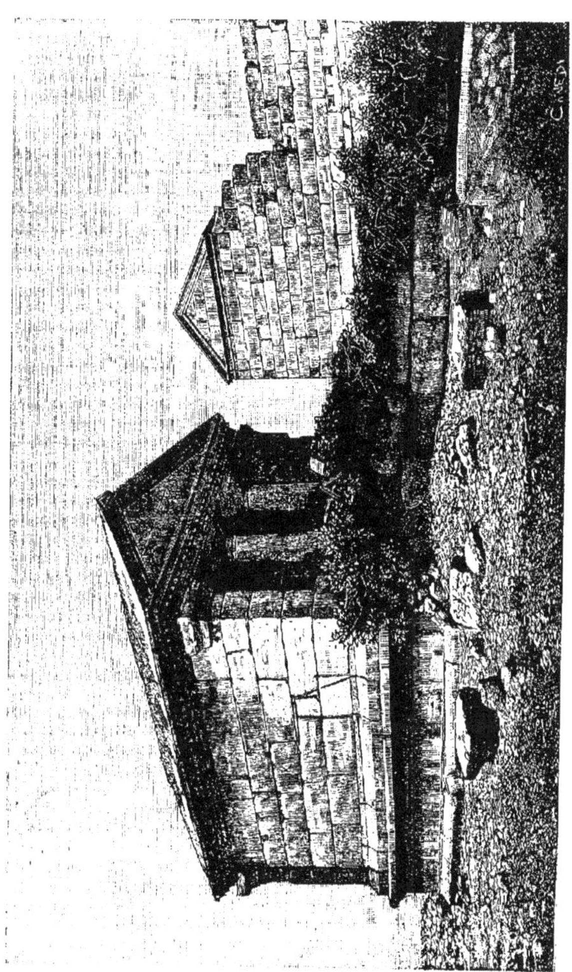

Fig. 47. — Tombeaux antiques.

ci-contre l'ensemble du monument, tout à fait conforme au type du
tumulus Étrusque. C'était une construction cylindrique, précédée
d'un portique, et ornée de niches, au-dessus de laquelle s'élevait

une succession de gradins en terrasse légèrement inclinée et portant des terres, de manière à déterminer la forme conique d'un tumulus. Ce monument avait 90 mètres de hauteur, comme de diamètre. La statue d'Auguste couronnait le cône. (Fig. 48.)

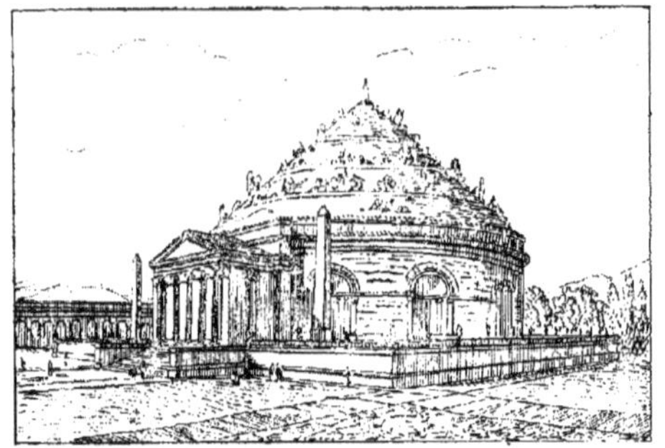

Fig. 48. — Tombeau d'Auguste.

63. — On donnait le nom de *mausolée* aux tombeaux les plus somptueux, en souvenir de la splendeur légendaire du tombeau du roi de Carie.

Le plus fameux est le *mausolée d'Hadrien*, le gigantesque tombeau dont le gros œuvre, muni après coup de créneaux et transformé en forteresse au moyen âge, subsiste aujourd'hui en face du Pont Ælius, sous le nom de *Château Saint-Ange*, formant la masse la plus imposante qu'on puisse imaginer ([1]).

Le monument, qui rappelle la forme générale du *tumulus*, entièrement exécuté en pierre, se composait d'un soubassement carré sur lequel s'élevait une construction circulaire. Le premier étage était orné d'un portique, dont des colonnes sont encore conservées au Vatican; dans les entrecolonnements se trouvaient des statues. Le second étage, moins élevé, était

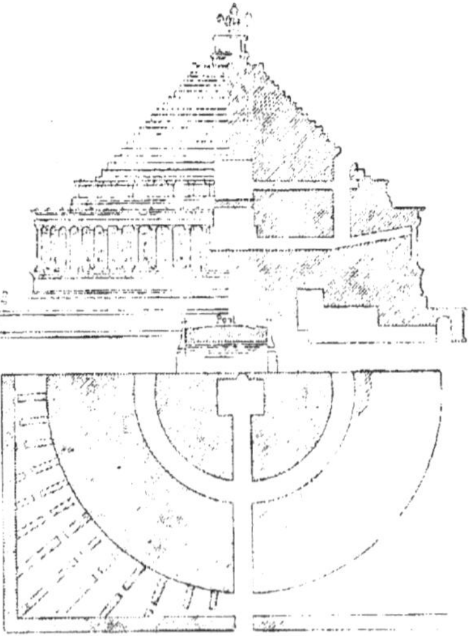

Fig. 49. — Mausolée d'Hadrien.

1. M. l'arch. Vaudremer en a composé une restitution, qui paraît la meilleure de celles qu'on a faites, et que reproduit notre vignette.

en retraite sur le premier, et servait d'appui à un vaste couronnement conique, tout en pierre, probablement couronné d'un groupe

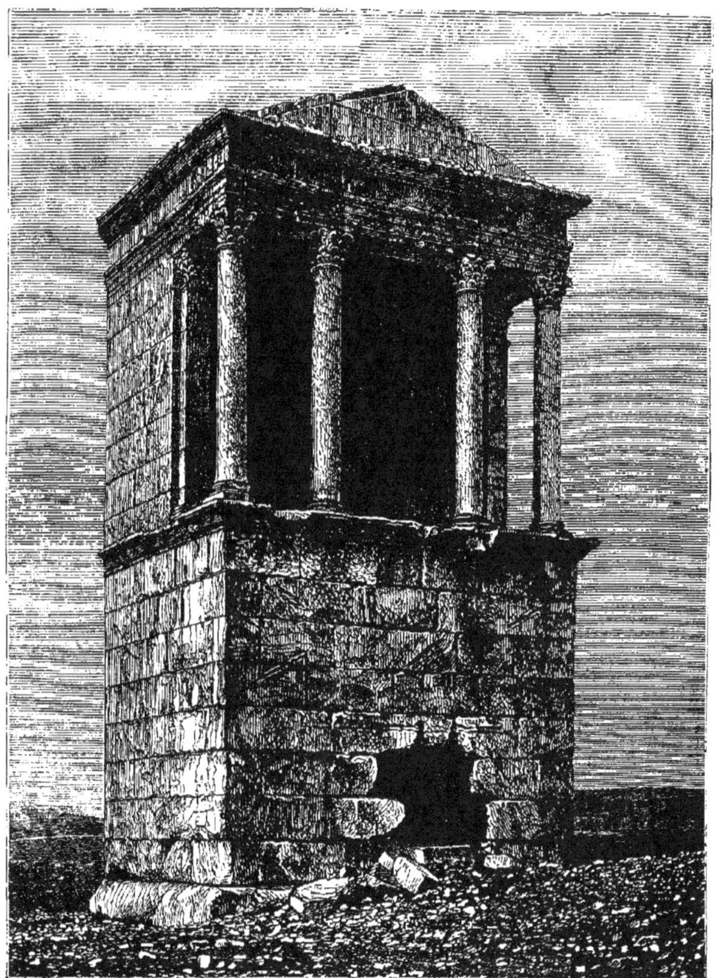

Fig. 50. — Ruine romaine à Hydra.

sculpté. A l'intérieur étaient ménagés des salles et galeries funéraires, et même un puits.

Quand ce monument fameux eut été converti en forteresse, les assiégeants ont été bombardés avec les statues. Aujourd'hui, il est devenu méconnaissable sous sa forme nouvelle d'un fort, qui présente encore, du reste, l'aspect le plus imposant.

64. — Un des plus intéressants monuments funéraires romains que l'on conserve est celui de *Cécilia Métella*, sur la voie Appienne.

Un fort soubassement carré, dont le revêtement a disparu, et dans lequel sont évidées cinq chambres, porte la partie cylindrique, dont le diamètre a 29 mètres ; les murs ont 5 mètres d'épaisseur. Toute cette partie est construite en gros blocs de travertin. Elle est couronnée par une imposante corniche, à la frise ornée de *bucranes* reliés par des guirlandes. Dans cette frise court l'inscription qui nous apprend la destination de l'édifice. Plus haut règne un attique, qu'au moyen âge on a surmonté de créneaux. Au-dessus s'élevait une pyramide conique probablement en terre et couverte de cyprès ([1]).

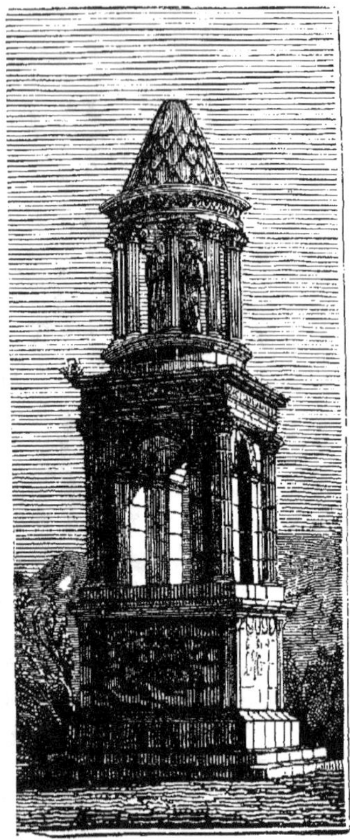

Fig. 51.
Mausolée romain à St-Remy.

65. — *Columbarium.* Si les Romains se sont le plus souvent contentés de copier leurs prédécesseurs, ils eurent du moins un type nouveau de sépulture, nommé *columbarium*.

Dans les premiers siècles, la crémation n'était employée que concurremment avec les divers genres d'inhumation. Mais plus tard

---

[1]. Il existait de nombreuses réductions de ce type de tombeau le long de la voie Appienne. On en a trouvé également à Pompeï.

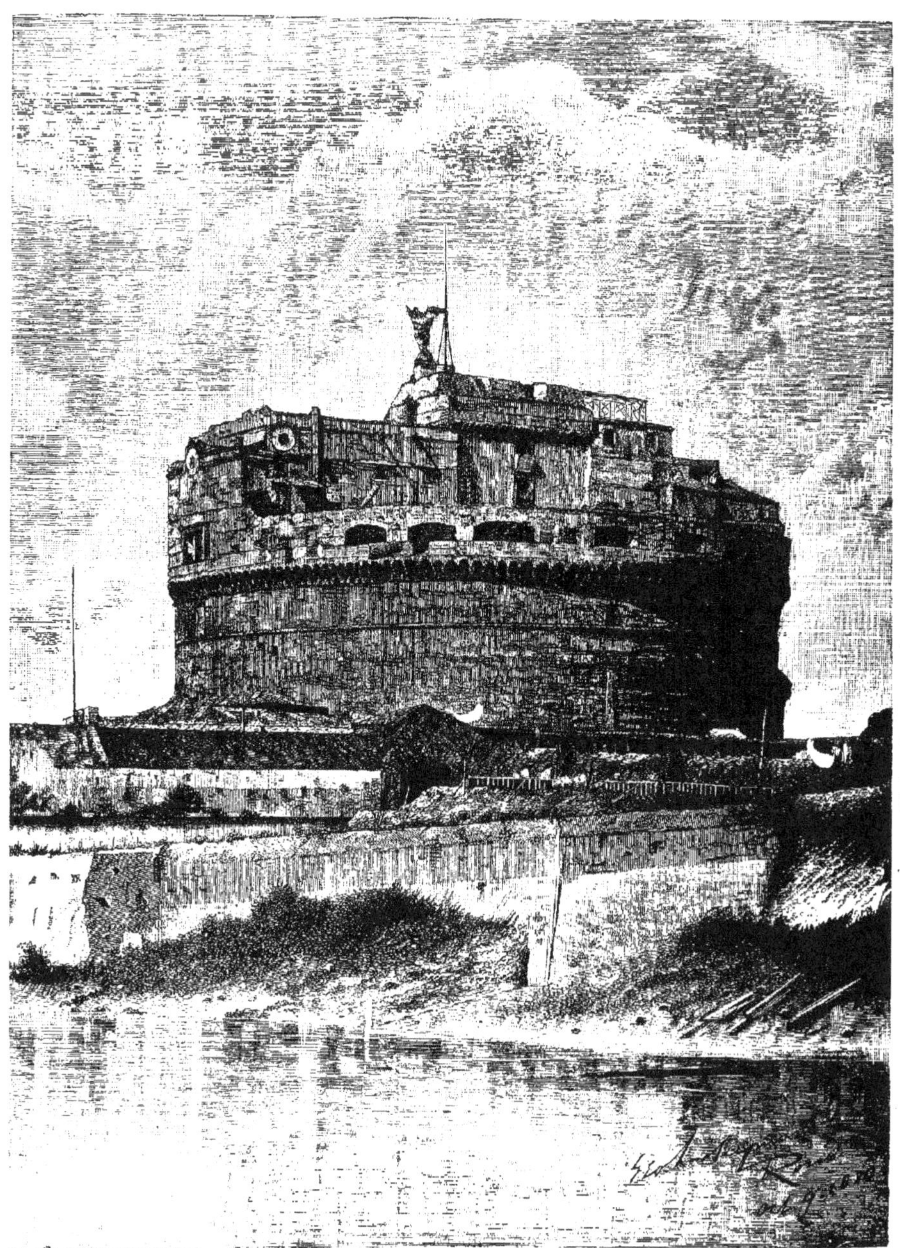

Fig. 52. — Château Saint-Ange.

elle prévalut. Par suite de cet usage, la place assignée aux morts devint plus petite ; les morts ne gênèrent plus les vivants.

Ce genre de sépulture, devenu général sous les Romains à une certaine époque, présente un type essentiellement différent de celles des autres peuples. Des chambres sépulcrales voûtées étaient ménagées dans des monuments de formes extérieures variées. Dans les murs, étaient pratiquées de petites niches, semblables aux boulins

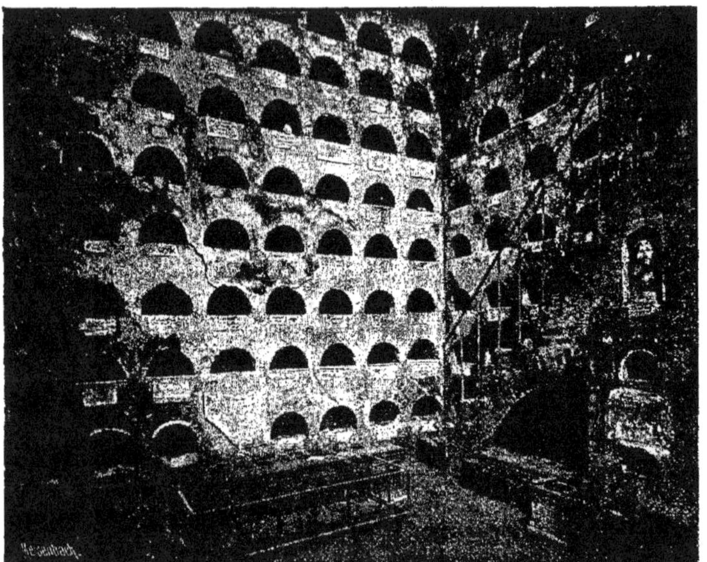

Fig. 53. — Intérieur d'un columbarium.

des pigeonniers ; de là le nom de la sépulture en question. Chacune de ces niches recevait deux urnes portant le nom du défunt. La crémation était faite dans une sorte d'antichambre, nommée *sepulcretum*.

Les murs de la chambre funéraire étaient garnis de haut en bas de rangées de ces niches. Quand toutes étaient remplies, on murait la chambre. Aussi en a-t-on retrouvé de tout à fait intactes, notamment celle des affranchis d'Auguste. Il y avait des *columbarium* de famille et des *columbarium* communs.

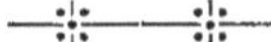

66. — Les Romains, à la différence des Grecs, vivaient avec leur famille dans des appartements communs. D'ailleurs ils étaient peu à la maison durant le jour; ils passaient leur temps dehors, recevant le matin dans l'*atrium*, puis sortant avec leurs clients. Le reste du temps, les citoyens étaient répandus dans les places publiques,

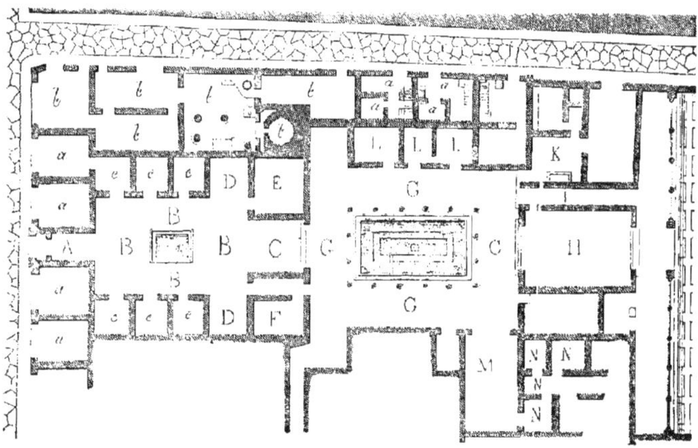

Fig. 54. — Maison de Plinius Rufus à Pompeï.

LÉGENDE.

I. A. *vestibule*. — a. *prothyrum*, salle d'attente. — B. *atrium*, avec *impluvium*. — C. *tablinium*. — D. *alae*. — E. bibliothèque. — F. chambre à coucher avec *fauces* (couloirs reliant l'*atrium* au péristyle). — G. cour avec péristyle et piscine. — H. *œcus* (salon). — I. couloir conduisant au jardin. — K. cuisine et garde-manger. — L, L. chambres à coucher. — M. *triclinium*. — N. chambres louées. — a. boutiques. — b. boulangerie avec moulin. — c. chambres des hôtes.

les bains, le *forum*, les théâtres. De leur côté les femmes travaillaient à domicile avec les esclaves, qui étaient très nombreux. Le maître n'usait guère de la maison que pour y prendre ses repas et s'y reposer ; le soir, il réunissait souvent des intimes à sa table.

La maison romaine était fermée, « tournée en dedans », comme on l'a dit ; elle cachait ses richesses derrière des murs aveugles, et son propriétaire en jouissait tranquillement à l'abri de l'envie.

Dénuée de fenêtres extérieures, l'habitation n'offrait vers la rue qu'une ouverture, la porte d'entrée. Les pièces ayant front à rue étaient louées à des marchands, comme cela se fait de nos jours dans certains hôtels de grandes villes. La maison romaine était relativement modeste. Libre de toute symétrie, elle était habilement disposée. Le trait caractéristique de sa distribution consistait dans l'existence de deux cours, l'*atrium* et le *péristyle*, environnées de portiques, et entourées d'appartements qui y prenaient le jour. Ces pièces n'avaient pas de communication entr' elles, ni souvent d'autre éclairage que celui venant de la porte. L'*atrium* était une tradition due aux Étrusques. L'habitation était ainsi divisée en deux parties : l'une destinée à recevoir les visiteurs, l'autre réservée à la vie privée et domestique.

La porte d'entrée donnant sur la voie publique ouvrait accès à un vestibule, *prothyrum*, accompagné de la loge du portier *(ostiarium)* et de la salle d'attente des visiteurs. On pénétrait dans une cour rectangulaire, B, (v. fig. 54) quasi publique, généralement entourée d'un portique *(atrium)* (¹). Le portique *(cavædium)* était remplacé, dans les maisons modestes, par un toit en appentis ; il bordait la cour, au centre de laquelle était un bassin parfois agrémenté d'une fontaine jaillissante *(impluvium) ;* ce bassin, qui recevait les eaux des toits, ne faisait jamais défaut. Les murs de l'*atrium* étaient revêtus de marbre jusqu'à hauteur d'appui et, plus haut, ornés de fresques historiées. Le portique ménageait une communication couverte avec les différentes pièces ; il était bordé latéralement des appartements des hôtes *(hospitium* c, c.*)*. Au fond, en face de l'entrée, s'ouvrait le *tablinium* C, où se conservaient les images des ancêtres, les documents généalogiques, les archives de la famille ; à côté était le cabinet des dieux lares et l'autel domestique. Des dégagements latéraux au *tablinium* mettaient la première cour en

---

1. On distinguait cinq espèces d'*atrium*. L'*atrium* couvert *(testudo)*, le plus petit des cinq et qui était voûté ; l'*atrium* découvert *(displuviatum)*, petite cour découverte et dont la pente des toits versait l'eau des pluies par derrière, tandis qu'aux trois suivants elle la dégorgeait dans la cour ; l'*atrium* tétrastyle, entouré d'un portique *(cavædium)*, couvert d'un toit en pente, et dont les poutres posaient sur quatre colonnes aux quatre angles de la cour ; l'*atrium* toscan, de la même forme que le précédent, mais sans colonnes ; enfin l'*atrium corinthien*, le plus grand, et qui, par le luxe de sa décoration, convenait à une habitation princière.

communication avec la partie réservée à la vie privée. Celle-ci était disposée d'une manière analogue, mais sur un plan plus étendu. Toutes les pièces entouraient une cour beaucoup plus grande, G, toujours bordée d'un portique ou *péristyle*, dont les colonnes étaient jointes par un mur à hauteur d'appui *(pluteum)*; au centre était un bassin et un parterre de fleurs *(xystus)*. La principale des pièces était, au fond, le salon, ou appartement d'apparat *(œcus,* H); on rencontrait parfois la basilique et l'exèdre, salle spacieuse arrondie aux deux bouts avec bancs pour convives; puis les salles à manger, le grand *triclinium* (¹) M et le petit, qui avaient conservé leur nom grec et leurs lits, rangés par trois autour des tables. On disait alors *faire les lits* au lieu de *mettre la table*. Les autres pièces étaient les chambres à coucher, ou à reposer, pour le jour et pour la nuit, avec leur *cubicula ;* elles étaient précédées d'antichambres. Les appartements d'hiver étaient chauffés par des *hypocaustes*. Les grandes habitations avaient leurs thermes. Il y avait l'appartement des femmes, la *pinacothèque*, l'*ergastulum*, ou quartier des esclaves, les salles de provisions, les bains, la chapelle domestique. Au fond, des dégagements menaient au jardin. Des escaliers menaient à quelques pièces d'étage; il y avait des étages, du moins aux maisons de ville.

Les maisons étaient généralement isolées les unes des autres (²).

---

1. V. *Mag. pitt.*, 1835, p. 235.

2. On a découvert, en 1894, à côté de Pompeï, à Pianella-Setteimini, dans la propriété de M. Vincent de Prosco, une maison ensevelie en même temps que la ville. Elle comprend plusieurs vastes pièces et, notamment, trois salles de bain avec des baignoires en marbre sculpté, des appareils de chauffage et des conduites d'eau en plomb garnies de robinets de bronze; les trois salles correspondent au *caldarium*, au *tepidarium* et au *frigidarium*, qui étaient de règle dans la maison antique bien ordonnée. C'est l'installation balnéaire la plus complète qui ait été mise au jour jusqu'à présent. — *Académie des Inscriptions et Belles-Lettres*, séance du 28 déc. 1895.

Des fouilles que le Gouvernement italien fait exécuter chaque année dans le sol de Pompeï, ont mis au jour, en 1895, une maison nouvelle, dont la décoration et le mobilier sont en parfait état de conservation. Elle occupe l'îlot II tout entier, dans la région V, au Nord de la cité. Exhumée par l'ingénieur Corra, elle est la plus importante qu'on ait encore découverte ; elle porte le nom de *Casa Vetti*. C'était une habitation dont la cour intérieure, de forme rectangulaire et très vaste, était entourée d'un portique soutenu par dix-huit colonnes corinthiennes. On a trouvé entre les colonnes neuf vasques en marbre blanc, quatre tables supportées par des pieds de chimères et neuf statuettes représentant des Bacchus, des Faunes et des Amours portant des oies. Les murailles, peintes en noir et en rouge, sont ornées dans leur partie supérieure d'une corniche à peu près intacte, richement décorée. Les pièces donnant sur l'atrium sont à l'intérieur décorées de peintures. Dans la pièce

## BASILIQUES CIVILES.

67. — Les Romains donnaient le nom de basiliques à des lieux de réunion, élevés sur le *Forum*, où se traitaient les affaires commerciales et où se rendait la justice. C'étaient à la fois des bourses et des palais de justice. Leur nom, dérivé de *basileus*, qui signifie *roi* en grec, a sans doute pris naissance à l'époque où les rois rendaient la justice eux-mêmes.

Il n'en est plus une seule debout à Rome. On sait que le premier édifice qui ait porté ce nom à Rome fut élevé aux frais de Caton, 185 ans avant J.-C. Les ruines de la basilique *ulpienne*, découvertes au commencement de ce siècle ([1]); celles de la basilique *Julia*, fouillées en 1834; une description de Vitruve et un fragment du plan de Rome, du temps d'Auguste, gravé dans le marbre, qu'on conserve au Vatican; enfin la basilique de Trèves, basilique à une seule nef, la seule aussi grande et aussi complète qui subsiste dans toute l'étendue de l'ancien empire romain, tels sont les documents qui nous permettent de nous faire une idée de ce qu' était à Rome une *basilique civile*.

Une basilique se composait d'une enceinte couverte, quadrangulaire, divisée en trois nefs par deux rangées de colonnes soutenant les murs de la nef principale. Au fond, s'ouvrait un hémicycle, *apsis*, où étaient des gradins et des places pour les juges. Une balustrade isolait le prétoire du reste de l'édifice, laissé à l'usage du public. Des galeries hautes établies sur les nefs latérales, servaient de promenoirs aux oisifs; dans les entrecolonnements, régnaient des cloisons jusqu'au-dessus de hauteur d'œil. Les trois nefs étaient

---

principale, se trouve une frise très délicate représentant spirituellement des scènes de la vie ordinaire jouées par des Amours. On y trouve, par exemple, un atelier et un magasin de vente de couronnes, un atelier de foulon dans lequel des femmes aidées de petits génies lavent et étendent du linge pour le faire sécher ; d'autres le plient et le rangent. Il y a aussi une boutique d'orfévrerie avec marchands et acheteurs ; une course de chars. D'autres tableaux, assez grands, représentent des légendes de l'histoire de Thèbes : Hercule étouffant les serpents sous le regard indulgent de Jupiter et sous celui d'Almène effrayée et ravie ; Amphion et Zethos attachant Dircé à la queue d'un taureau, et enfin Penthée déchirée par les Bacchantes en fureur.

1. Basilique ulpienne. V. son plan et son élévation dans *La Cathédrale de Reims*, par A. Gosset, pl. XXXV. — *La Basilique ulpienne*, par Lesueur dans la recueil : *Restauration de monuments antiques par les pensionnaires de l'Acad. Franç. à Rome*. Voir Restauration de Lesueur.

couvertes par des plafonds ou une charpente apparente ; la grande était abritée par un comble à deux versants, les petites, par des appentis ; l'hémicycle était seul voûté. Les colonnes des nefs avaient pour hauteur la largeur des petites nefs, soit $^1/_3$ de la largeur de la grande ; celles de l'étage, $^3/_4$ de l'ordre inférieur. Les galeries étaient probablement éclairées de côté, à l'étage. La longueur étant représentée par 3, la largeur était comprise entre 1 $^1/_2$ à 2. Les escaliers étaient aux flancs de l'abside. La basilique débouchait sur les galeries du *Forum*, dont elle formait une dépendance.

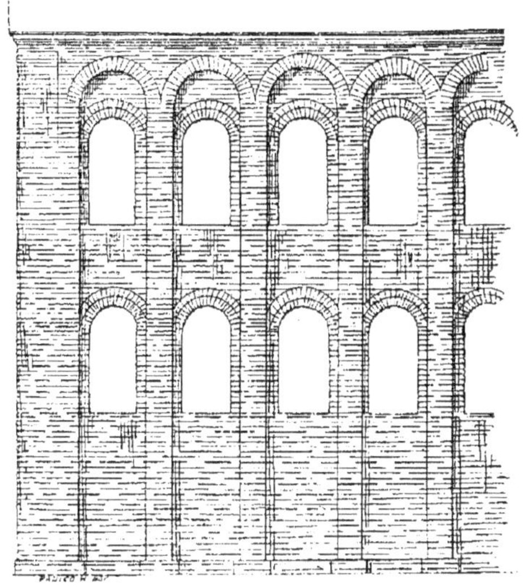

Fig. 55. — Basilique civile de Trèves.

68. — La ville de Trèves possède non seulement la seule basilique chrétienne de l'époque romaine qui existe encore au Nord des Alpes, mais on y admire en outre la basilique profane la plus grande et la plus complète que l'on retrouve, de nos jours, dans toute l'étendue de l'ancien empire romain.

Ce monument, dont nous donnons une esquisse, est entièrement construit en grandes briques carrées, de 15 pouces de côté et de un pouce $^1/_2$ d'épaisseur, à l'exception des fondements, qui sont en pierres calcaires. Il présente un vaisseau rectangulaire, terminé par

une abside séparée de la nef unique par un grand arc de 59 pieds
3 pouces de diamètre, et dont le cintre est formé de trois rangs de
claveaux superposés. L'entrée de la basilique se trouvait au petit
côté opposé et se composait probablement de quatre portes. De
chaque côté du tribunal, il y avait une entrée particulière pour les
juges et les avocats. Les ailes latérales et l'abside étaient percées de
deux rangées de grandes fenêtres cintrées, flanquées à l'extérieur
de contre-forts, et dont les arcs sont formés, aux fenêtres supérieures,
de triples rangs de claveaux et aux fenêtres inférieures, d'un rang
double.

Le pavé était formé d'un ouvrage de rapport en marbres précieux ; il reposait sur un hypocauste soutenu par de petites colonnes en briques, d'un pied 10 pouces de haut sur 8 pouces de
diamètre et qui servait à chauffer la salle. Les murs intérieurs de
la basilique étaient aussi revêtus, jusqu'à une certaine hauteur, de
plaques de marbres variés et le surplus devait être orné de peintures. Le toit, auquel on monte de l'extérieur par deux escaliers en
hélice et fort étroits, placés aux angles de l'abside, était couvert
en tuiles.

La longueur totale de la basilique est de 233 pieds 4 pouces du
Rhin, sa largeur de 96 pieds et la hauteur jusqu'au toit de 98 à
100 pieds. Les murs ont 10 pieds d'épaisseur, et le pavé est élevé
de 4 pieds 4 pouces au-dessus du sol extérieur.

La construction de ce monument date, sans aucun doute, du
règne de Constantin ; ce doit être la basilique dont le rhéteur
Eumène attribue l'érection à cet empereur, dans le panégyrique
prononcé devant lui en l'an 310, et qu'il qualifie également d'*opus
regium* (¹).

---

1. V. Schayes, *Histoire de l'architecture en Belgique*.

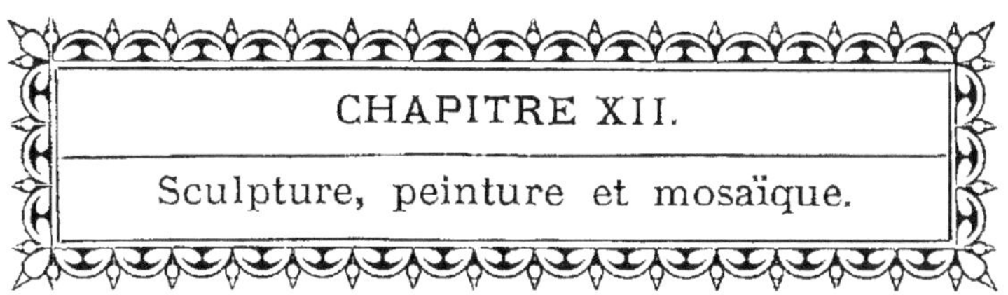

# CHAPITRE XII.
## Sculpture, peinture et mosaïque.

69. — L'art fut pour les Romains un objet de luxe, non une satisfaction esthétique. Il fut d'abord pratiqué à leur profit par les Grecs, à Rome, un siècle et demi avant l'ère chrétienne ; il se forma une école néo-attique ([1]), qui atteignit son apogée sous Auguste. Ses œuvres, abondantes et remarquables, remplissent les collections d'antiques de l'Italie. Parmi elles on distingue la *Vénus*, du palais des offices de Florence ; l'*Hercule Farnèse*, du musée de Naples, signé de l'Athénien Glycon ; le *Torse d'Hercule*, conservé au Belvédère à Rome ; la *cariatide* faite pour le Panthéon par Diogène d'Athènes ; le *Gladiateur*, du musée du Louvre, dû à Agasias d'Éphèse ; la *Diane*, de Versailles ; le *Nil* du Vatican ; l'*Ariane*, etc.

La sculpture prit un nouvel essor sous l'empereur Adrien, qui s'attacha à faire copier les œuvres de l'ancienne Grèce. C'est alors que fut exécutée la *Minerve de Velletri*, que possède le Louvre. Dans les œuvres de cette époque, la beauté s'arrête à la surface, mais elles portent toujours le sceau du génie grec.

Le portrait était surtout en harmonie avec le caractère des Romains, naturellement sensibles à un art où l'idéal fait place à la vérité, la beauté, au caractère.

Chaque patricien, nous l'avons vu plus haut, conservait dans le *tablinium* de sa maison les portraits *(imagines)* de ses aïeux.

Les statues-portraits de l'art romain se divisent en deux catégories. On distingue les statues *iconiques*, qui sont de vrais portraits et montrent les personnages dans l'attitude de la vie ordinaire, avec leur costume propre et leurs attributs, et les statues dites *achilléennes*, qui, en conservant les traits caractéristiques du modèle, sont cependant traitées d'une manière conventionnelle et idéale, avec la nudité, consacrée pour les personnages héroïques.

Le Romain poursuit d'abord jusque dans le vêtement l'entière vérité de la reproduction. Cependant, il finit par abandonner la toge

---

1. V. O. Bayet, *Monuments de l'art antique*. — V. *L'Art antique*, t. II, p. 320 et 327. — V. Lubke, *Précis de l'hist. de l'art*, trad. de Koella, t. I, p. 213.

paisible ou le harnais militaire, et par s'habiller à la grecque. Leurs statues revêtent alors l'apparence des statues grecques, et l'on voit des empereurs figurer sous les traits de Jupiter ou d'autres dieux, et leurs épouses prendre les figures de Vénus ou de Junon.

Parmi les statues féminines remarquables, on peut citer les deux *Agrippines*, des musées de Naples et du Capitole, les *femmes d'Herculanum*, au musée de Dresde, et la *Pudeur*, du Vatican. Les portraits d'hommes les plus dignes de mention, sont celui d'*Auguste*, retrouvé en 1863 à Rome, et visible au Vatican; celui de *Tibère*, découvert à Capoue, et conservé au Louvre; celui de *Constantin* (fig. 56); les statues équestres de *M. Noncius Balbus* et de son fils, provenant d'Herculanum; la figure équestre de *Marc-Aurèle*, en bronze doré, qui orne la place du Capitole.

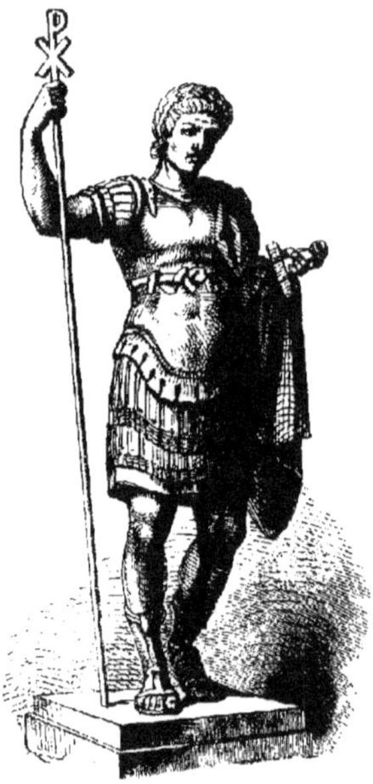

70. — Dans le bas-relief aussi, les Romains imposent à l'art leur génie positif; ils exaltent la personne de leurs généraux et de leurs empereurs, en rendant leurs exploits avec l'exacte vérité historique.

Ils inventent le relief perspectif qu'avaient dédaigné les Grecs. Dans

Fig. 56. — Statue de Constantin.

les bas-reliefs qui couvrent leurs arcs de triomphe ou s'enroulent autour de leurs colonnes commémoratives, les groupes sont traités comme dans la peinture de chevalet, avec des arrière-plans nombreux et des profondeurs indéfinies, qui ôtent au marbre le sentiment de la solidité.

L'arc de Trajan est le chef-d'œuvre de ce genre.

71. — On peut encore étudier la sculpture romaine dans une nombreuse catégorie de petits monuments, les *sarcophages*. Déjà les étrusques avaient trouvé dans leur décor un ingénieux moyen de

donner comme une individualité aux caisses de pierre ou de terre cuite qui leur servaient à ensevelir leurs morts.

L'usage de l'incinération prit fin à l'avènement des Antonins; alors on exécuta une multitude de cercueils en pierre, aux faces historiées. Ceux qui sont parvenus jusqu'à nous datent de l'époque de la décadence. Ils figurent des scènes de la légende héroïque ou divine, les mythes relatifs au trépas, à l'idée de la séparation et du revoir. « Car c'est là, dit Lubke, une des préoccupations constantes de l'époque, cette grande pensée de la mort et du réveil. Elle s'exprime parfois d'une manière profondément sentie et touchante ; elle impose un caractère particulièrement solennel et grave à ce vieux monde qui s'en va, conscient de sa grandeur, inquiet de sa chute prochaine et comme prescient du lever d'un monde nouveau. »

Les plus beaux spécimens du genre sont conservés au musée du Capitole.

### LA PEINTURE.

72. — Les Romains se montrèrent plus aptes à la peinture qu'à la sculpture, de même que l'avaient été leurs devanciers les Étrusques. Déjà en l'an 300 avant J.-C., Fabius Pictor décorait le temple du Salut. Sous Auguste, le peintre Ludius jouissait d'une grande célébrité. On a gardé peu de données sur la personnalité des peintres romains.

La découverte d'Herculanum et de Pompeï, les fouilles pratiquées dans les thermes de Titus, ont révélé tout un art de peinture grécoromaine. Les maisons, nous l'avons vu plus haut, étaient richement décorées ; leurs murs étaient couverts de peintures à fresques sur un stuc très fin, ou à la détrempe sur un fond sec. Ces peintures étaient essentiellement décoratives et sagement soumises aux lois de l'architecture.

La peinture pratiquée par eux était surtout décorative. Ils affectionnaient un genre de décor mural polychrome basé sur les gracieux caprices de l'enroulement d'une tige végétale garnie de feuilles où l'acanthe domine (fig. 58), et entremêlée parfois de figurines d'animaux (fig. 57). Nous donnons ici deux frises de ce genre, qui décorent des maisons de Pompeï.

À ces ornements végétaux, se mêlaient des thèmes architectoni-

ques et des panneaux historiés, le tout distribué avec ordre dans des
compositions d'ensemble bien ordonnées. Voici comment Owen
Jones (¹) expose le système général de la décoration murale de la
maison romaine.

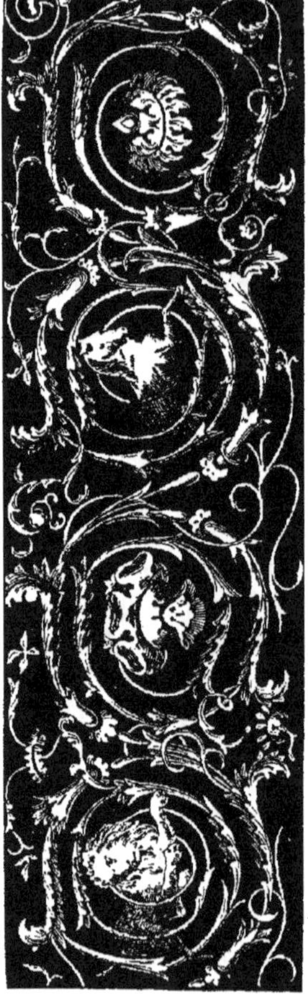

Fig. 57. — Frise peinte.

« Le diagramme d'un côté du
mur d'une maison pompeïenne,
consistait en un lambris peint
de demi-revêtement occupant un
sixième de la hauteur du mur ;
sur ce lambris, étaient placés de

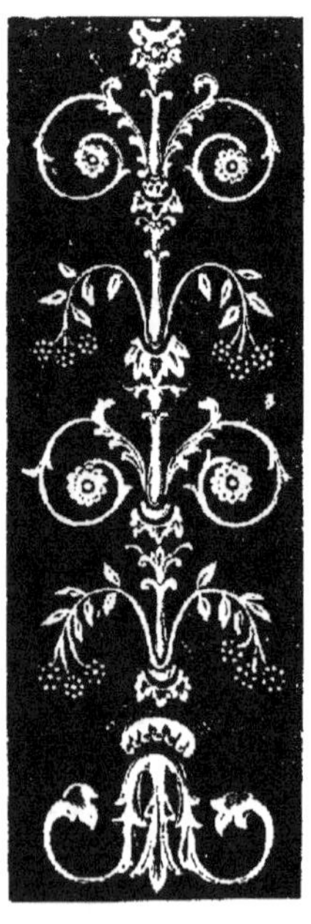

Fig. 58. — Bande verticale.

larges pilastres, ayant la moitié de la largeur du lambris, et divisant le mur en trois panneaux ou plus. Une frise, qui variait en

1. *Grammaire de l'ornement.*

largeur et qui occupait environ le quart de la hauteur du mur à partir d'en haut, servait à réunir les pilastres.

« La partie supérieure du mur était fréquemment blanche et subissait dans tous les cas un traitement moins sévère que la partie inférieure ; elle représentait généralement des scènes de plein air.

« Le fond était occupé par ces peintures de bâtiments, d'architecture fantastique, qui excitèrent l'ire de Vitruve. Dans les meilleurs exemples, il existe une gradation de couleurs à partir du plafond vers les bas, qui se termine en noir sur le lambris ; mais c'était loin d'être une loi fixe.

« L'arrangement qui produit le plus d'effet, paraît être : lambris, noirs ; pilastres et frises, rouges ; panneaux, jaunes, bleus ou blancs, pendant que la partie du mur au-dessus de la frise est blanche et décorée d'ornements coloriés. Le meilleur arrangement des couleurs pour les ornements du fond paraît être : sur des fonds noirs, le vert et le bleu en masses, le rouge avec sobriété, et le jaune avec plus de modération encore ; sur des fonds bleus, le blanc en lignes fines et le jaune en masses ; sur des fonds rouges, le vert, le blanc et le bleu, en lignes fines ; le jaune sur le rouge ne produit pas d'effet, à moins qu'on ne le relève d'ombres. »

Ainsi était formé le thème en quelque sorte stéréotypé de la peinture murale domestique, en ce qui concerne du moins la couleur des champs. Sur les fonds ainsi établis, s'appliquaient des ornements habilement stylisés.

Les bandes horizontales offrent souvent des enroulements végétaux tels que ceux que nous avons déjà fait connaître. Dans les panneaux le thème général était une architecture idéalisée. Sur le fond, souvent rouge sombre, avec soubassement plus foncé, se dessinent les panneaux, séparés par des filets délicats, ou encadrés des motifs conventionnels d'une construction toute aérienne, faite en quelque sorte de *baguettes*. Dans cette fantastique architecture, tout est élégance, légèreté, invraisemblance ou idéal. Les décorateurs élèvent, dit M. P. Girard ([1]), à de prodigieuses hauteurs des colonnettes d'une gracilité inquiétante, sur lesquelles ils font poser des

1. Girard, *La peinture antique*, p. 329.

architraves et des poutres qui semblent suspendues dans les airs. »
Ils multiplient les saillies et les rentrants, les couloirs, les escaliers,
les corniches, les moulures, logeant dans chaque vide un motif
décoratif, enroulant de flexibles lianes autour des supports.

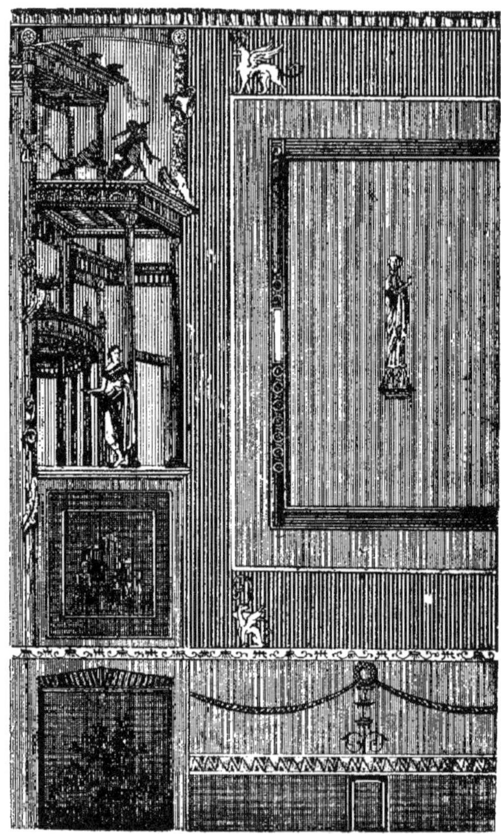

Fig. 59. — Peinture murale à Pompeï.

Enfin, au milieu des compartiments qu'encadrent ces aériennes
architectures, planent de petites figures isolées, danseuses, amours,
génies, funambules. Quelquefois aussi apparaissent de petites scènes

de génies, piquantes ou badines, qui dansent sur ces grands fonds de couleur.

La majorité des sujets est plus complexe, et constituent des réminiscences des œuvres classiques de la Grèce. Ce sont des mythes, bachiques ou autres, des figures de bacchantes, de centaures, de satyres, etc. : « le monde brillant de la légende grecque transporté dans le royaume des couleurs (¹) ». Malgré une grande variété de forme et de sujets, ces peintures ont en commun une note toujours gaie : « Elles respirent la joie de vivre, je ne sais quel souffle de contentement, qui leur assure un charme aussi durable qu'elles-mêmes. » Les tableaux mythologiques sont visiblement des copies faites d'après des compositions de haute valeur. Les artisans pompeïens peignent, de souvenir, des scènes qui semblent appartenir toutes à la même école, dans laquelle M. W. Helbig a reconnu l'art alexandrin ou *hellénistique* pratiqué par les copistes pompeïens. Le plus beau spécimen du genre est le célèbre tableau du *Sacrifice d'Iphigénie*, découvert à Pompeï et heureusement fort bien conservé (²).

73. — Quand les Romains abordent le tableau, ils sont réalistes comme en peinture, et préfèrent le portrait. Dans ces scènes intimes, pleines de charme et de fraîcheur, qui forment une notable partie des thèmes de la peinture murale pompeïenne, et reproduisent, comme celle de la maison de *Vetti*, des scènes de la vie courante, on retrouve ces foulons, ces aubergistes, ces boulangers, ces marchands, que le peintre a pu examiner au Forum, et qu'il a reproduits avec une telle sincérité, qu'ils frappent encore aujourd'hui par leur ressemblance avec ceux qu'on rencontre dans les boutiques de Naples. Ces tableaux ont été évidemment faits par des artistes du terroir.

La plus belle peut-être des peintures antiques parvenues jusqu'à nous, est un tableau découvert, en 1606, sur l'emplacement des jardins de Mécène à Rome, et nommée *noces Aldobrandine*, du nom

---

1. Lübke, *Ouv. cité.*

2. V. Raoul-Rochette, *Choix de peintures de Pompeï.* — Overbeek et Hau, *Pompeji in seinen Gebæuden dargestellt.* — Gast. Boissier, *Promenades archéologiques ; Rome et Pompeï.* — P. Girard, *La peinture antique.*

du cardinal Cintio Aldobrandini, qui en devint propriétaire. On la voit aujourd'hui au musée du Vatican. Elle reproduit en trois tableaux les scènes de préparatifs de l'hyménée.

## LA MOSAIQUE.

74. — La mosaïque décorative est un ouvrage fait au moyen de petits cubes retenus par un ciment contre le mur ; les cubes

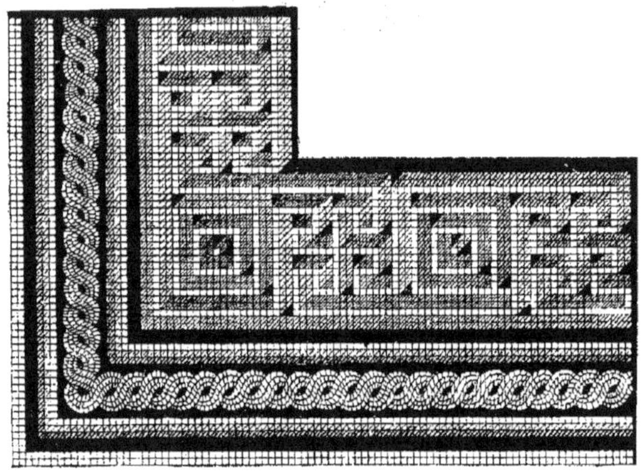

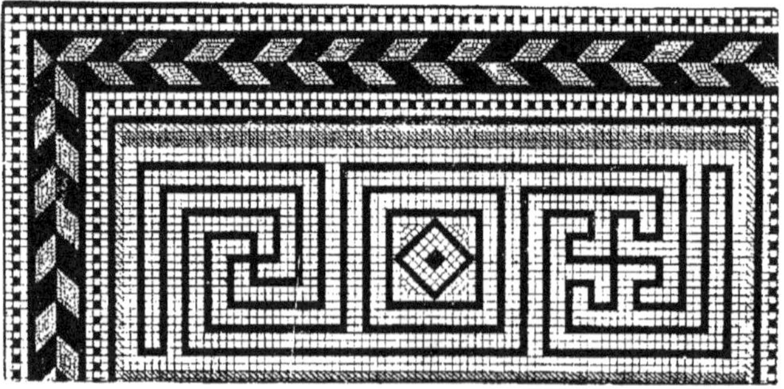

Fig. 60. — Mosaïques géométriques.

sont en pierre naturelle, en terre cuite ou en émail opaque coloré dans la pâte.

Parmi les mosaïques romaines, on distingue des assemblages communs et purement géométriques de petits cubiques en poterie, res-

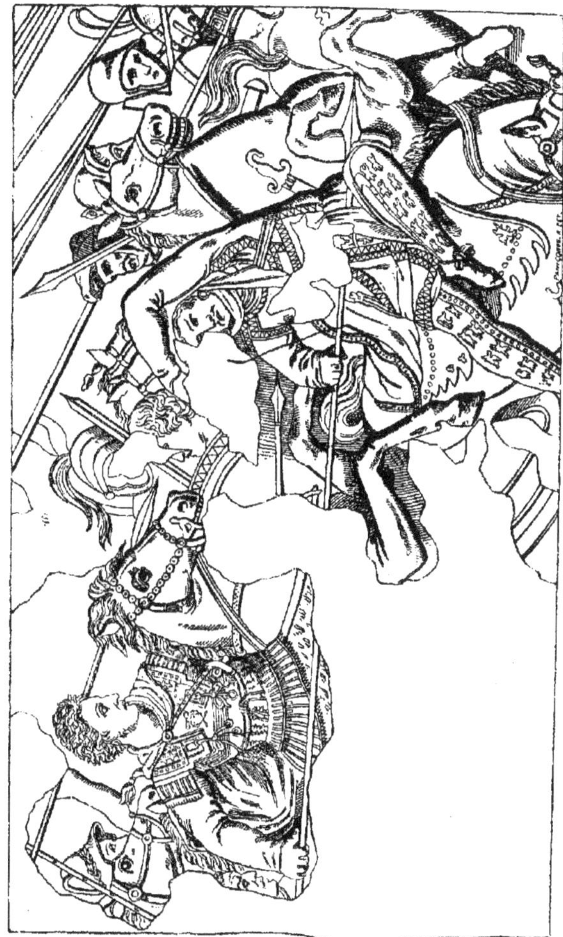

Fig. 61. — Bataille d'Arbelles. — Mosaïque de Pompeï.

semblant au granit rouge, et nommés *opus signignum*, et les mosaïques en *lapilli*, formées de cubes de marbre diversement colorés, et formant des dessins plus ou moins riches. C'étaient des sortes de tapisseries de pierre couchées dans le pavement.

On retrouve dans les nécropoles de l'Étrurie des mosaïques à dessins géométriques, de deux ou trois couleurs, dessinant des frettes, des billettes, des zig-zag, etc.

Chez les Romains les mosaïques se rencontrent à profusion. La maison du Faune à Pompéi, était un musée de mosaïques. Devant l'entrée le traditionnel *Have* était tracé dans le sol. Dans l'*atrium* était semée sous les pas du visiteur une collection d'animaux : canards, oiseaux, coquillages, tourterelles tirant des perles d'une cassette, chat dévorant une caille; un merveilleux lion en raccourci, chef-d'œuvre de Leucus. Dans le *triclinium* une autre mosaïque montrait le génie bachique, Acratus, enfourchant sa panthère.

75. — La plus belle mosaïque que nous ait laissée l'antiquité, et qui est considérée comme un des plus précieux monuments de l'art ancien, fut découverte à Pompéi, dans cette même maison du Faune. Elle représente, croit-on, la fameuse bataille d'Ipsus ou d'Arbelles, où Alexandre se couvrit de gloire.

On peut rattacher à la grande peinture cette superbe mosaïque, que conserve à présent le musée de Naples. C'est un véritable et bon tableau, probablement la reproduction d'une peinture, qui n'a pas son pareil dans toute la peinture proprement dite des Romains. On doit supposer que l'original était l'œuvre d'un artiste grec très distingué. Alexandre, victorieux sur toute la ligne, perce d'un furieux coup de lance le général de Darius renversé sur son cheval. Les chevaux se cabrent avec épouvante, la panique gagne les soldats de Darius, qui lui-même assiste avec stupeur à la défaite de son armée. Notre gravure en reproduit un épisode (¹).

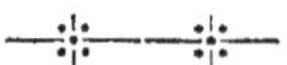

---

1. Gerspach, *La mosaïque*. Paris, Lecant.

# TABLE DES MATIÈRES.

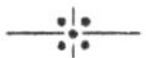



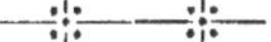

# ERRATA.

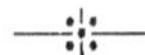

Page 68,   6e ligne, *au lieu de :* un seul théâtre romain ;

*lisez :* un seul théâtre romain entier ;

»   11e ligne, *au lieu de :* unique au monde,

*lisez :* unique.

Imprimé par DESCLÉE, DE BROUWER ET Cie.

# TRACTS ARTISTIQUES.

—:|:—

1° L'art monumental des Égyptiens et des Assyriens.
2°  »  »  des Indous et des Perses.
3°  »  »  des Grecs.
4°  »  »  des Romains.
5°  »  »  latino-byzantin.
6°  »  »  roman.
7°  »  »  gothique.
8°  »  »  de la Renaissance.

9 782329 738802